틀낭에 진실꽃 피엄수다

틀낭에 진실꽃 피엄수다

제주 4·3을 그리다

이수진 그림, 박진우·이하진 글

메디치

책을 내며

　제주는 세계적으로 인정받은 아름다운 자연을 가진 섬입니다. 다람쥐 쳇바퀴 돌듯 앞만 보고 달리는 이 시대 한국 사람들이 평안과 휴식을 위해 가장 먼저 떠올리는 섬이기도 합니다. 하지만 그 아름다운 풍경 뒤에, 평안과 휴식을 주는 땅과 바다와 숲과 산, 오름들 그 풍경의 곳곳에 슬픈 역사가 숨어 있습니다.
　《틀낭에 진실꽃 피엄수다》는 제주가 품고 있는, 반세기 이상 국가가 숨기고 억눌러온 폭력과 야만의 역사에 관해 이야기하는 책입니다. 제주는 오래도록 변방의 섬으로 역사의 주 무대에서 조금 떨어져 있었지만, 해방 후 이념 전쟁에 휘말려 한국 현대사에서 가장 큰 비극의 주인공이 되었습니다. '제주 4·3'이라 불리는 사건으로 적게 추산해도 당시 제주도 전체인구 10분의 1을 넘는, 최소 3만 명에서 최대 9만 명에 이르는 제주사람들이 목숨을 잃었습니다. 또한 그 와중에 살아남은 이들과 그 가족들은 수십 년 세월 동안 '빨갱이' '폭도' '반역자'라는 낙인과 연좌제 등 불명예와 부당함을 참고 견뎌야만 했습니다.
　제주에는 '속솜허라'라는 말이 있습니다. 뭍의 표준어로 '입 다물라'라는 말입니다. 수십 년 세월 동안 4·3의 진실을 알리고자 한 사람들이 있었고, 그들을 사랑하는 사람들은 행여 4·3과 같은 국가폭력이 또다시 자행될까 두려워 '속솜허라' '속솜허라'라고 말할 수밖에 없었습니다. 수십 년 동안 국가가 강요하는 침묵 속에서 살기 위해 어쩔 수 없는 말이었습니다. 하지만 결국 누군가들은 끊임없이 진실을 찾아 발굴하고 그 이야기들을 다시 세상에 더 큰 목소리로 돌려주려 했습니다. 많은 제주사람들이 '속솜허라'에 갇히지 않고 세상에 4·3의 진실을 알리기 위해 목소리를 높였습니다.《틀낭에 진실꽃 피엄수다》역시 그런 목소리 중의 하나입니다.
　'틀낭'은 한반도 중부 이남에 많이 자라는 산딸나무를 부르는 제주말입니다. 제주 곳곳에 산딸나무가 참 많습니다. 제주사람들은 어려서부터 산딸나무 열매를 많이 먹으며 큽니다. 4·3 당시 산으로 피신 간 사람들도 허기를 덜기 위해 산딸나무 열매를 먹었다고 합니다. 산딸나무는 예수 그리스도가 매달려 죽은 십자가 나무이고, 또 꽃받침이 지고 남은 열매는 꼭 심장 같기도 합니다. 그런 여러 가지 뜻을 살려 제목을 '틀낭에 진실꽃 피엄수다'로 지었습니다. '산딸나무에 진실꽃이 피었습니다'로 곧 4·3의 진실이 마침내 피게 되었다는 기원을 담은 제목입니다.

그림과 글로 4·3의 이야기를 알리려 노력해온 이수진, 박진우, 이하진 세 사람의 오랜 노력이 이 책에 담겼습니다. 세 작가는 4·3의 현장을 함께 걸었습니다. 가여운 영혼들에게 마음을 담아 작은 술잔을 올릴 때 우리의 눈물도 함께 담겼습니다. 4·3 현장에서 토론하며 작품을 구상하고, 4·3 때 사라져 폐허가 된 마을에서 수확한 보리줄기로 작품의 뼈대를 세웠습니다. 제주의 대지에서 제주의 공기와 햇살, 바람을 맞으며 제주사람들의 역사를 품고 자란 동백꽃잎과 감귤 껍질, 나뭇잎, 이름을 알 수 없는 풀줄기들을 이용해 그림을 만들었습니다.

그렇게 만들어진 작품들이 세상에 선보이게 된 것은 (사)제주4·3범국민위원회와 제주노무현재단의 도움 덕분입니다. 두 단체의 지원을 통해 2018년 오사카 전시를 시작으로 2019년 전국 13개 지방자치단체, 2020년 대한불교조계종 5개 사찰, 2021년 경기도 수원과 오산, 2022년에는 전국 6개 도시에서 시민들과 만났습니다. 전시 때마다 많은 국민들이 호응과 공감을 표하며 응원해주었습니다. 이 지면을 빌어 (사)제주4·3범국민위원회와 제주노무현재단에 진심으로 감사의 마음을 전합니다. 먼 길을 마다 않고 전시장을 찾아주신 모든 분들께도 감사의 인사를 드립니다.

그리고 우리 스스로에게 고맙다고 이야기하고 싶습니다. 자기 주머니를 털어 제주를 안방 드나들 듯 오가며 4·3 이야기를 그림으로 풀어낸 이수진 작가, 그 작품에 살을 붙이며 가슴을 울리는 이야기 글을 쓴 이하진 작가, 전체 기획을 맡아 답사와 작품제작을 독려하고, 여러 전시와 책 출간을 뚝심있게 추진한 박진우 작가에게 두 손 모아 고마움을 전합니다. 또 저희 작가들과 많은 순간을 함께하며 한라산 같은 든든함으로 보이지 않는 곳에서 묵묵히 번잡한 실무를 맡아준 양윤희 선생께도 깊은 감사를 표합니다.

많은 사람의 선한 의지와 뜻이 모여 세상에 한 권의 책으로 나오게 되었습니다. 억울한 사람들의 넋두리에 자리를 내주고, 그 한을 풀고자 합니다. 역사의 비극을 치유하고 언젠가 4·3평화공원에 누워있는 백비가 똑바로 설 수 있는 그런 미래를 일구는 데 작은 거름이 되길 희망합니다.

일러두기
- 4·3을 부르는 표현은 책 본문에서는 '제주 4·3'을 기본으로 하되 '제주4·3항쟁'과 같이 붙여 쓰는 경우도 있다. 공식 문서나 기사, 단행본 등에서 기존에 사용된 명칭을 가져올 때는 원 표기를 인정해 사용하였다.
- 이수진 작가의 작품에 붙은 짧은 해설문은 제목, 작품 크기, 재료, 제작년도의 순이다. 작품 크기는 높이(세로)×너비(가로)의 순으로 표기하였다.
- 제주 말이 사용된 경우는 괄호 안에 표준어를 함께 소개하였다.

차례

책을 내며 4

봄은 왔지만 9
꽃 이파리가 지는 것처럼 보입디다 37
까마귀도 모르는 제사 123

부록
제주4·3항쟁 연표 174
제주 4·3 희생자 마을별 분포지도 183
참고문헌 184
노무현 대통령 사과문 186
추천의 말 187

봄은 왔지만

궨당, 삶을 위한 공동체

평화의 섬 제주! 그러나 그 섬에 사는 이들의 삶은 평화롭지만은 않았다. 두 얼굴을 가진 쪽빛 바다는 생(生)과 사(死)를 넘나들게 했고 화산섬 거친 땅에서의 삶은 끝없는 노동의 연속이었다. 살기 위해서는 강해져야 했고, 부지런해야 했으며, 하나로 뭉쳐 힘을 모아야 했다.

사람들은 드넓은 중산간 들판에 가축을 풀어 키우기 위해 공동목장인 '번'을 만들고, 바다에도 공동어장을 만들었다. 세상에 태어나서 세상을 떠나는 순간까지 인생의 모든 희노애락을 마을공동체가 함께 했다. 그렇게 살다보니 피를 나눈 관계와는 다른 또 하나의 생존공동체가 되었다.

그것이 제주의 '궨당'이다.

렌당공동체, 53.0×72.7cm, 제주 보리줄기, 천연염색, 2022

봄은 왔지만…

　아시아·태평양전쟁 당시 일본은 제주도와 동남아시아 여러 섬을 요새화하였다. 그중 제주는 일본의 본토 사수를 위한 마지막 보루 8곳 중 7번째의 중요한 곳이었다. 일본 본토 이외에서는 오키나와와 제주만이었다.* 제주 섬 전체가 무기로 가득 찼고, 섬 어디를 가나 무장한 일본군이 있었다. 그리고 어린아이부터 노인까지 모두가 강제노역에 동원돼 고통받았다.
　1945년 8월 6일과 9일, 미국은 일본 히로시마와 나가사키에 원자폭탄을 투하했다. 1945년 8월 15일, 일본이 무조건 항복을 발표하며 전쟁이 끝났다. 마침내 조선은 식민지에서 해방되었다.
　강압에 의해 체결된 강화도조약 이후 69년, 국권을 강탈당한 을사늑약 이후 40년, 말 그대로 '식민지'가 된 경술국치일로부터 만 34년 11개월 15일! 이제야 비로소 일본의 조선 침략과 그에 맞서는 항일 투쟁이 끝났다.
　한반도는 해방을 맞았다. 하지만 우리는 해방된 땅의 주인이 될 수 없었다. 소련은 38도선 북쪽의 새로운 주인을 자처했고, 미국 역시 38도선 남쪽의 새로운 지배자임을 선포했다. 한반도 땅덩어리는 38도선을 경계로 두 조각이 났다.
　왜? 도대체 왜?

---

* 일본은 아시아·태평양전쟁 말기에 연합군의 공격으로부터 일본 본토를 방어하기 위해 '결호작전(結號作戰)'을 준비하여 8개의 방어노선과 구역을 계획하였다. 홋카이도에서 규슈에 이르기까지 일본 본토를 6개 작전구로, 이외에 제주도를 '결7호작전구(結七號作戰區)'로, 오키나와를 '결8호작전구'로 정하였다.

춘래불사춘〈春來不似春〉, 80.3×233.6cm, 제주 보리줄기, 유화, 2018

어디도 기댈 곳이 없었다

19세기 후반, 세계는 막강한 군사력과 경제력으로 무장한 강대국들이 힘없는 나라들을 폭력적으로 식민지화하며 세력을 넓혀 나가는 제국주의 시대였다. 우리 역시 힘없는 나라들 중 하나였다.

1876년 조선의 뒤늦은 개항 후 여러 열강이 눈독을 들였다. 한반도에서 우위를 차지하기 위해 청국(중국), 일본, 러시아가 각축을 벌였다.

1895년 청일전쟁에서 승리한 일본은 한반도를 거쳐 만주로의 진출을 꿈꿨다. 하지만 러시아, 독일, 프랑스 3국의 제동으로 뜻을 이루지 못했다. 이에 일본은 영국과 미국에 접근한다.

1902년 일본은 영국과 일영동맹을 맺고, 1905년에는 미국과 가쓰라-태프트 밀약*을 맺으며 미국의 지원을 약속받았다. 1904년 만주와 한반도에 대한 지배권을 놓고 러일전쟁이 벌어졌을 때도 영국과 미국은 일본을 후원했다. 결국 일본은 러일전쟁에서도 승리한다.

1910년 미국과 영국, 프랑스 등의 묵인과 러시아의 동의를 얻은 일본은 마침내 그해 8월 29일 조선을 강제병합하기에 이른다.

국제사회에서 아무런 영향력도 가지지 못했던 약소국 조선! 그 어떤 열강의 도움도 받을 수 없었던 조선은, 결국 일본에 나라를 빼앗기고 말았다. 미국은 일본의 조선 강탈을 조용히 묵인했다.

---

* 가쓰라-태프트 밀약(Taft-Katsura Agreement, 桂·タフト協定)은 미국 전쟁부 장관 윌리엄 하워드 태프트와 일본 내각총리대신 가쓰라 다로가 맺은 협정으로, 일본의 한반도 식민지배와 미국의 필리핀 식민지배를 서로 묵인하는 것이 목적이었다.

바람 앞의 둥둥, 40.0×67.0cm, 제주 보리줄기, 페인트, 2018

도둑같이 찾아온 해방

　보이는 곳에서 보이지 않는 곳에서, 나라 안에서 나라 밖에서,
조선인들은 독립을 위해 목숨을 걸고 투쟁하였다. 조선인들은 그 투쟁을
멈춘 적이 없지만, 조선의 미래를 결정하는 건 강대국들의 몫이었다.
　한반도의 독립이 최초로 언급된 건 1943년 11월에 열린
카이로회담에서였다.

　　미국, 영국, 중국 3대국은 조선인의 노예 상태를 유념하여 조선이
　　적절한 과정을 거쳐서 자유롭고 독립적인 국가가 될 것을 결정하였다.

　선언문 안의 '적절한 과정'이란 말은 연합국의 공동 관리, 신탁통치*였다.
연합군이 일본을 패전으로 몰아넣는 와중인 1945년 2월, 다시 미국과 영국,
소련 지도자들이 모여 얄타회담을 열었다. 그리고 조선에 대한 미·소·중
3개국 대표 1명씩으로 구성된 공동신탁통치를 재확인한다. 얄타회담 5개월
후인 1945년 7월, 독일 베를린 교외의 포츠담에서 다시 회담이 열렸다.
제2차 세계대전의 전후 처리를 결정하기 위해 모인 미국, 영국, 소련
3개국 정상은 카이로선언의 기본 내용을 다시금 확인하는 포츠담선언을
발표한다. 8월 6일과 9일, 미국은 일본을 단번에 항복시키기 위해 일본
히로시마와 나가사키에 원자폭탄을 투하한다.
　일본의 패망으로 갑작스레 찾아온 해방을 두고 함석헌 선생은 이렇게
말했다.
　"해방은 도둑같이 뜻밖에 찾아왔다."

＊ 신탁통치는 국제연합(UN) 헌장 제12장, 제13장을 근거로 일정한 지역에 대해
　그 지역민들이 자체 통치 능력을 갖출 때까지 국제연합의 신탁을 받은 국가가
　국제연합의 감독을 받으며 대신 통치하는 제도다.

냉전체제와 한반도, 80.3×116.8cm, 제주 보리줄기, 천연염색, 2022

그들만의 땅따먹기

나가사키에 원자폭탄이 떨어진 1945년 8월 9일, 소련은 재빠르게 두만강을 건너 한반도 최북단 함경북도로 들어왔다. 9일에 경흥, 12일에 웅기, 14일에는 나진을 점령했다. 소련군은 한반도 이북 지역에서 일본군의 무장을 해제하고, 곳곳에 인민위원회를 조직하며 사회주의 국가 건립을 위한 준비를 한다.

미국은 다급해졌다. 소련군은 이미 한반도 북쪽을 점령하고 있었는데 한반도에서 가장 가까운 미군은 오키나와에 있었다. 오키나와에서 한반도까지의 거리는 1천 킬로미터. 아무리 서둘러도 소련의 한반도 전역 점령을 막기는 어려웠다. 미국은 다급히 다음과 같은 제안을 소련에 전달했다. 한반도에 북위 38도선을 경계로 군사분계선을 긋고, 한반도 이북은 소련이 한반도 이남은 미국이 점령하자는 내용이었다. 소련은 흔쾌히 제안을 받아들였다.

오늘날 많은 이들이 한국전쟁의 결과로 그어졌다고 생각하는 38도선은 한국전쟁 후가 아니라 이미 해방 전에 그어졌다. 미국과 소련에 의해서 말이다.

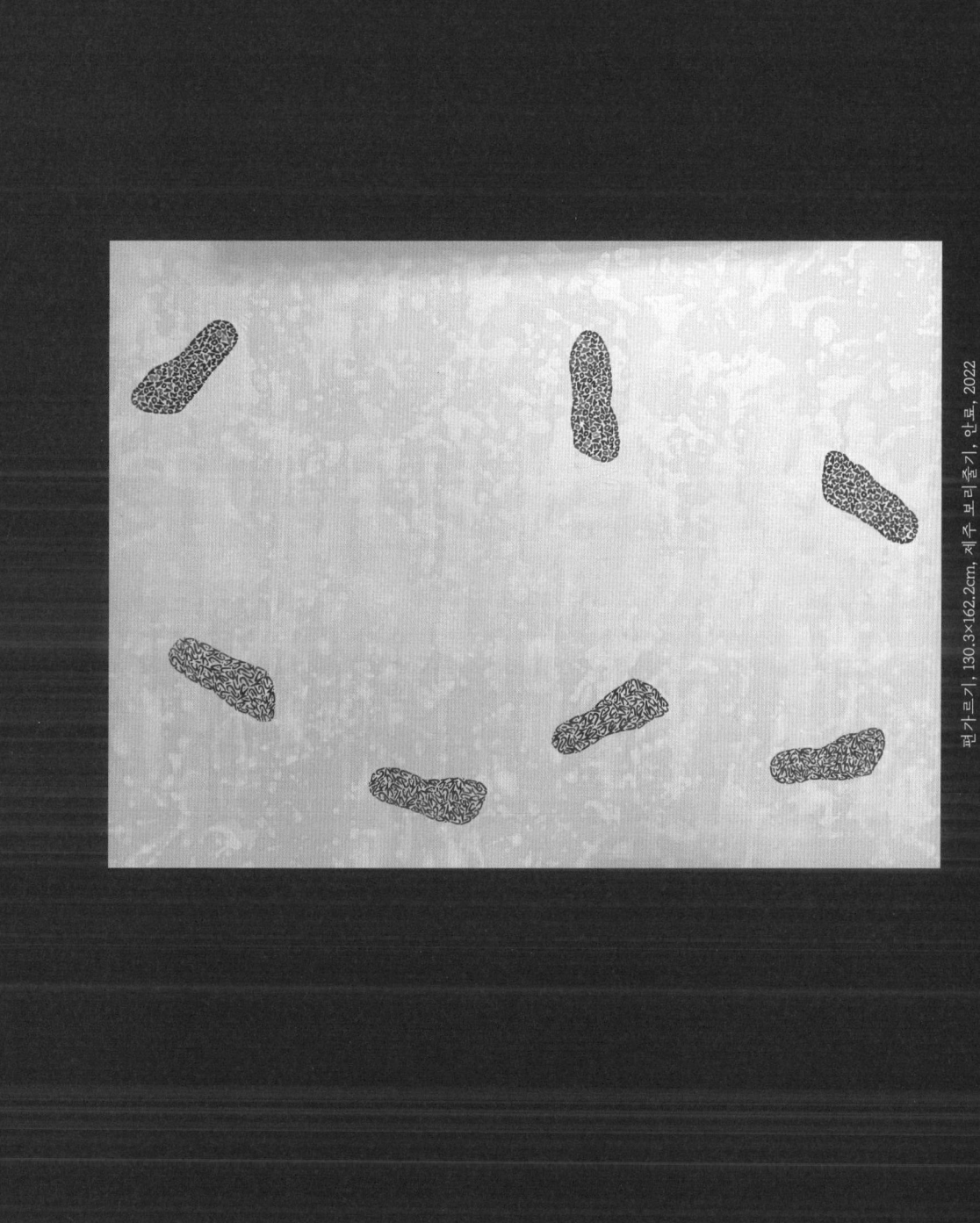

펀가트르기, 130.3×162.2cm, 제주 보리줄기, 안료, 2022

소련에 속지 말고 미국을 믿지 마라

뒤늦게 남한에 도착한 미군은 38도선 봉쇄를 해제하고 한반도 전역에 통일된 행정을 실시하고자 했다. 소련과 협의를 추진했지만 뜻을 이루지 못했고 두 차례 더 협상을 시도했지만 결국 실패로 끝났다.

그러던 중 한반도의 미래에 큰 영향을 미치는 사건이 벌어진다. 1945년 9월, 연합국 승전국인 미국, 영국, 소련, 중국, 프랑스 외무장관들이 전후 처리 문제를 논의하기 위해 런던에 모였다. 미국과 영국은 소련이 동유럽 각국을 위성 공산국가로 만드는 것에 불만을 품었고, 소련은 영국과 미국이 지중해 지역과 일본을 독점하려는 것을 부당하다고 생각했다. 이 회의에서 미국과 소련의 협조 관계에 균열이 생겼고 한반도는 미국과 소련 두 나라 간 자존심 대결의 각축장이 되어버렸다.

미국은 결국 한반도 문제를 다시 국제사회에 떠넘겼다. 국제연합(UN)은 미국의 뜻을 받아들여 한반도 남쪽만의 단독선거를 결정한다. 대한민국 최초의 민주선거라고 말하는 1948년 5월 10일 총선거*는 미국과 국제연합의 결정에 따른 결과였다.

한반도 전역에서 반발이 일었다. 사람들은 "소련에 속지 말고, 미국을 믿지 말라."고 외쳤다. 그중 반발이 가장 크게 터진 곳이 바로 제주였다. 5·10 총선거는 4·3을 발생시킨 주요 원인 중 하나였다.

* 1948년 5월 10일 한반도 남쪽에서 실시된 총선거는 신생 대한민국의 헌법을 제정하는 '제헌의회'의 구성을 목적으로 했다.

해방공간*의 모순

해방이 되면서 일제는 두 손을 놓았고, 일제를 등에 업고 온갖 만행을 저질렀던 친일파 세력가들과 경찰들은 자취를 감췄다. 이런 상황을 맞아 권력의 공백을 막고 무정부상태의 혼란을 바로잡아 우리 스스로 나라를 세우겠다는 의지로 건국준비위원회(건준)**가 만들어졌다. 건준은 국민을 보호하고 치안유지를 위해 힘썼다. 제주에서도 마찬가지였다.

해방이 되고 86일이 지난 1945년 11월 6일, 미군 '59군정 중대'가 제주도에 도착했다. 그런데 뭔가 이상했다. 꼬리를 내리고 있던 일본군이 다시 활개를 치기 시작했다. 자취를 감추었던 친일파 세력들이 다시 총칼을 차고 사람들을 위협했다. 여기저기서 불만의 목소리가 터져 나왔다. 1946년에 이르면 미군정은 노골적으로 건국준비위원회의 후신인 인민위원회를 배척하고 탄압하기 시작한다. 미국 통계 자료에 따르면 해방 이후 남한 경찰조직에서 경위 이상 간부의 82%가 일제 경찰 출신이었다. 군대 장교 임관자 110명 가운데 일본군 출신은 87명, 만주군 출신이 21명, 광복군 출신은 2명뿐이었다.

친일파의 재기용은 미군정의 판단이었다. 일본의 조선 강탈을 침묵으로 승인했던 미국은 일본과 적국으로 싸운 이후에도 일본을 비호했다. 일본은 한반도내 전쟁범죄에 대한 어떤 대가도 치르지 않았고, 미군의 보호 아래 털끝 하나 상하지 않고 본국으로 돌아갔다.

미국이 일본과 조선을 대하는 방식은 너무도 달랐다. 패망한 일본 본토에 대해서는 권한을 일본 정부에 돌려줬으면서, 조선에 대한 권한은 일본과 싸운 항일 민족세력이 아닌 친일 사대세력에게 고스란히 안겨주었다.

미국의 목적은 오직 하나, 소련의 한반도 점령을 막아야 한다는 것이있다. 미국은 자신들의 뜻을 받들고 따를 충실한 사냥개들이 필요했다. 친일 사대세력이 바로 그 사냥개들이었다.

*1945년 광복 이후부터 1948년 남북한 양쪽 정부가 수립되기 이전까지 3년의 시기를 부르는 말.
**정식 명칭은 조선건국준비위원회(朝鮮建國準備委員會)다. 1945년 해방과 함께 여운형을 중심으로 한반도에서 새로운 독립국가의 건국을 준비하고자 만든 조직이다. 건국준비위원회는 나중에 인민위원회로 이름을 바꾸었다.

예외지대, 제주

해방이 되자 일제의 조선 침략 이후 일본으로 떠났던 6만여 명의 제주사람들이 고향으로 돌아왔다. 일본의 전쟁 희생양으로 끌려간 이들과 돈을 벌기 위해 갔던 사람들이었다. 하지만 고향에 살아 돌아온 기쁨도 잠시, 현실은 여전히 비참했다. 갑자기 늘어난 인구로 일자리가 부족해 실업자가 넘쳐났고, 대흉년에 콜레라 전염병까지 돌아 끼니조차 때우기 힘들었다.

제주사람들은 다시 한 번 힘을 모았다. 인민위원회가 중심이 되어 잘 살기 위한 길을 모색했다. 학교를 만들고 외지로 나가 공부했던 사람들이 속속 돌아와 학교 선생님이 되었다. 상황은 열악했다. 월급도 없었고, 자기 주머니를 털어 교과서를 만들어야 했다. 하지만 이제 아이들이 일본말이 아닌 조선어로 말하고 쓰고 조선의 역사를 배울 수 있음에 감격했다. 많은 제주사람들이 인민위원회 활동에 적극적이었다. 인민위원회는 제주사람들 스스로가 만든 희망이었다.

미군정은 조선인이 스스로 조직한 정부를 불법이라고 선언하고, 각 지방의 인민위원회를 인정하지 않았다. 많은 인민위원회가 미군정의 뜻에 따라 와해됐다. 하지만 제주만은 예외였다. 지서에 인민위원회 간판이 걸렸고, 마을에 공식문서를 전달하려면 인민위원회를 거쳐야 했다. 미군정은 제주의 인민위원회를 인정하고 치안을 위임하였다.

1946년 8월 16일, 그전까지 전라남도의 하위 행정조직으로 여러 군(郡) 중 하나였던 제주도는 남한의 아홉 번째 '도(道)'로 승격되었다. 제주경찰청이 새로 만들어졌고 100명 남짓이던 경찰병력도 두 배로 늘었다. 국방경비대 9연대도 신설되었다. 명분은 제주의 발전과 제주사람들을 위한다는 것이었지만 제주를 미군정의 완벽한 점령지로 만들기 위한 계획의 시작이었다.

고무줄놀이, 40.9×53.0cm, 제주 보리줄기, 천연염색, 2022

미군정과 부정부패

　제주사람들이 생활상의 여러 어려움에 허덕이고 있을 때, 경찰과 미군정 관리들이 얽힌 불미스러운 사건들이 연달아 터졌다.
　1946년 여름 콜레라 전염병이 온 섬을 휩쓸며 사람들의 목숨을 앗아갈 때 통역관 중 하나가 치료약을 빼돌려 폭리를 취하다 발각됐다. 미군정은 정당한 과정을 거치지 않고 그를 석방시켰다. 미군 통역관 중 일부는 미군들에게 잘 보이기 위해 파티를 열어주고 여자들까지 보내주곤 했다. 미군 장교들은 그에 대한 보답으로 잘못을 눈감아주었다.
　1947년 1월, 일본에 사는 서귀포 법환리 사람들이 고향에 전기를 놓아주기 위해 배 복시환(福市丸)에 당시 돈 1천만 원, 지금 돈으로 수백억 원 가치의 물품을 실어 보냈다. 당시 일본에서 대량으로 물건을 들여오는 것은 불법이었다. 그 약점을 노리고 이익을 노리는 모리배가 판을 쳤다. 복시환은 밀수선으로 적발되었고 물품은 압수되었다. 밀수 단속에 걸린 물품을 통역관 둘과 경찰관이 빼돌린 사건이 터졌다. 경찰들이 뇌물을 받고 뒤를 봐준 사실이 밝혀졌다.
　절망은 분노로 바뀌었다. 온 섬이 기름 끓듯 분노가 끓어오르고 있었다.
　3·1절 집회를 앞두고 민심을 잃어 수세에 몰린 경찰과 미군정을 돕기 위해 육지에서 응원경찰 1백여 명이 제주로 내려왔다. 이 응원경찰이 4·3의 도화선에 불을 당기고 말았다.

비극의 씨앗

1947년 3월 1일, 해방 후 두 번째 맞이하는 3·1절 기념행사일. 제주도민 3만여 명이 제주 북국민학교에 모였다. 미군정은 기념집회 개최를 허락하지 않았다. 이에 반발하며 제주사람들은 평화적으로 집회를 강행했다.
"일제 잔재 청산!"
"부정부패 척결!"
"3·1정신으로 통일독립 쟁취!"
행사 도중 기마경찰 말발굽에 어린아이가 다쳤다. 경찰은 그 어떤 조치도 취하지 않았고 이에 분노한 사람들이 경찰서 앞마당까지 쫓아갔다. 경찰서 습격으로 오인한 경찰이 방아쇠를 당겼고 민간인 6명이 사망하고 8명이 중상을 입었다.

> 대부분의 희생자는 경찰서와 상당히 떨어진 식산은행 앞 노상이나 도립병원으로 가는 길목 모퉁이에 쓰러져 있었다. 도립병원의 검안 결과 희생자 중 1명을 빼놓고 나머지 모두는 등 뒤에서 총탄을 맞은 것으로 판명됐다. (…) 여러 정황을 볼 때 공포탄만 쏘아도 군중들이 흩어질 상황이었다.
> —《제주4·3사건 진상보고서》중에서

등 뒤에서 총을 맞았다는 건 도망가는 사람을 조준 사격했다는 의미다. 가장 어린 희생자는 국민학교 5학년, 젖먹이를 안고 있던 21살 어린 엄마도 있었다.
일제강점기 35년 동안, 제주 섬에서 경찰이 민간인을 총으로 쏘아 죽인 일은 없었다. 제주사람들은 분노했다. 경찰청장 조병옥은 경찰을 대표해 사과하기는커녕 '폭도들을 진압한 정당방위'라고 주장했다.
이날 저녁, 미군정은 섬 전역에 "통행금지령"을 내렸다. 그리고 3·1절 집회를 주도했던 사람들을 잡아들이기 시작한다. 3·1사건은 제주도민과 미군정 간 갈등이 본격적으로 시작되는 불씨가 되었다.

죽음, 162.2×112.1cm, 제주 보리줄기, 안료, 2022

3·10 총파업

  3·1사건 9일 후인 3월 10일부터 3월 22일까지 제주도민들은 '비폭력 저항'운동을 벌인다. 제주도청을 시작으로 제주도 전체직장 95%가 연계한 대규모 총파업이었다. 미군정 통역관도 참여했고, 제주 경찰 50여 명은 사표까지 내면서 파업에 동참했다. 학생들은 등교를 거부하고, 시장 상인들은 가게 문을 닫았다. 밭일도 바다 일도 모두 멈추고 생계를 포기하면서까지 3·1사건에서 벌어진 경찰의 발포와 강경진압에 항의했다.
  파업은 평화적이었다. 가족들은 감자를 쪄서 나눠먹으며 평화로운 밥상을 나눴다. 사람들은 노동을 멈추고 마침내 세상을 멈추었다. 멈춘 세상에 구호가 쩌렁거렸다.
  "발포책임자 처벌하라!"
  "경찰의 무장 해제 및 고문 폐지하라!"
  "희생자에 대해 보상하라!"
  민심이 들끓고 있었지만 경찰도, 미군정도 그 소리에 귀 기울이지 않았다. 오히려 제주도민들을 더욱 강하게 옭아맬 명분 찾기에 혈안이 되었다. 파업을 주도한 혐의로 민주주의민족전선 간부들을 연행하기 시작해 이듬해 4·3이 일어나기 직전까지 1년 동안 2,500여 명을 잡아들였다. 불만은 점점 더 임계점을 향해 끓어올랐다.

3·10 총파업, 40.9×53.0cm, 제주 보리줄기, 천 염색, 2022

빨갱이 섬

3·10 총파업 이후 미군정은 즉각 제주도로 조사단을 내려보냈다. 조사단은 총파업의 책임이 남조선노동당의 선동에 있으며, "제주도민의 70% 이상이 좌익 색채를 띠고 있다."고 보고했다.

이에 미군정은 제주도를 "빨갱이 섬"으로 규정한다. 제주 출신 경찰과 공무원 역시 "빨갱이"로 낙인찍혔고, 제주 출신 제주도지사와 군정 수뇌부들을 모두 외지인으로 교체한다. 민관 총파업이 시작되고 닷새 만에 다른 지역 출신 응원경찰 200여 명이 제주로 내려오고, 서북청년단*이 본격적으로 제주에 들어오기 시작했다.

대대적인 검거가 시작됐다. 4월에는 파업 참가자 260명이 군사재판에 회부됐고, 8월에는 동광리에서 하곡수매 반대운동 충돌이, 조천읍에서는 경찰의 총기 난사로 마을 주민 3명이 총상을 입었다. 9월부터는 서북청년단이 마을 유지들을 상대로 무자비한 집단 폭력을 일으키기 시작했다. 11월과 12월에는 미군정 정보당국마저 서북청년단에 경고를 보내고, 상부에 유혈사태가 일어날 수 있다는 보고를 올릴 정도였다.

* 한반도 서북쪽의 평안도 등 당시 소련군정하의 이북에서 월남한 사람들 중 일부가 한경직 목사를 중심으로 이남에서 결성한 모임이다. 소련군정의 토지개혁과 공산정권 창출에 밀려 내려온 만큼 이들은 공산당을 비롯해 좌파, 진보계열에 대해 강한 적대감을 갖고, 폭력적으로 행동했다.

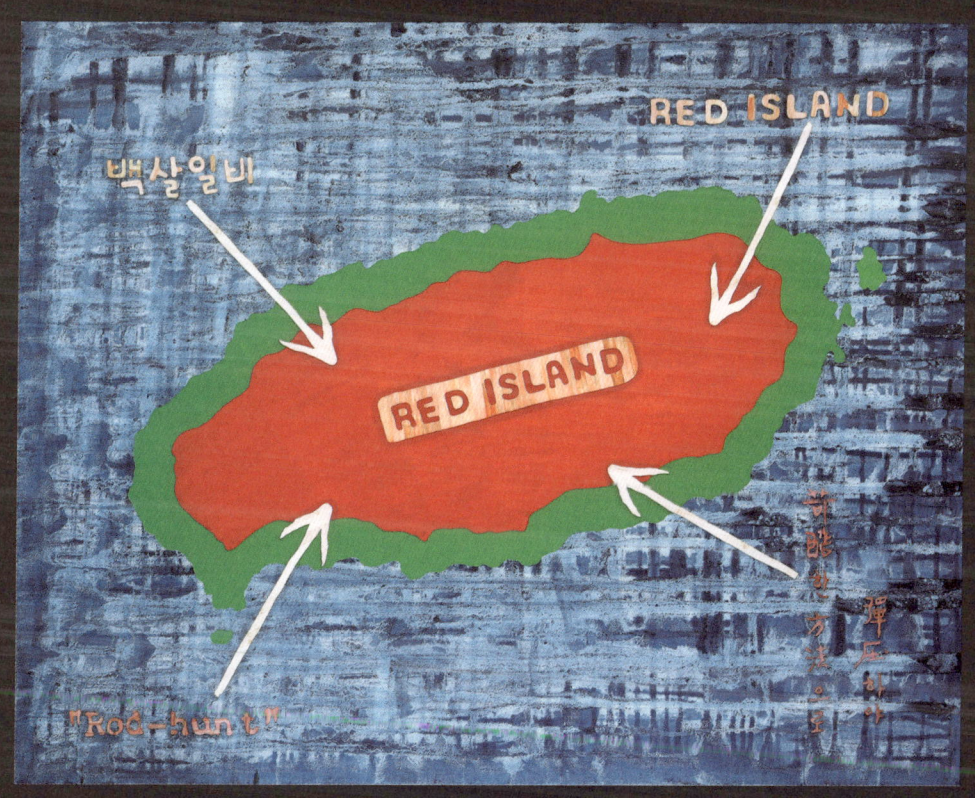

누명, 80.3×116.8cm, 제주 브리플기, 천연염색, 안료, 2021

고문

　제주도민을 향한 탄압은 1년 여간 계속됐다. 죄가 있고 없고는 중요하지 않았다. '좌익 척결'이라는 명분을 내세워 정의를 외치는 학생들과 농민들을 닥치는 대로 잡아다 감옥에 가뒀다. 실적 부풀리기를 위해 거짓 자백을 강요하기도 했다. 1948년 3월 작성된 미군 보고서에 따르면 3평 남짓한 좁은 감방에 35명까지 가둔 일도 있었다.
　물고문, 전기고문, 고춧가루 고문, 몽둥이찜질… 지독한 고문이 계속됐다. 저승 문턱이 코앞이었다. 없는 죄도 만들어냈다. 약탈도 서슴지 않았다. 미군정을 등에 업은 응원경찰과 서북청년단의 폭력은 법 위에 군림했다.
　1948년 3월, 모진 고문에 중학교 학생과 청년 등 3명의 젊은이가 죽었다. 젊다는 게 죄가 되는 시절이었다. 목숨을 부지하기 위해서 한라산의 품으로 숨어들어야만 했다. 수많은 아비와 어미들이 젊은 자식들을 살리기 위해 일본으로, 육지로 등을 떠밀어 보냈다.
　"혼저 가라… 재기재기 가불라… 사라사 헌다이… 꼭 살라이."
　어서 가거라… 빨리빨리 가거라… 살아야 한다… 꼭 살아 남거라.

고문, 130.3×162.2cm, 제주 보리줄기, 안료, 2020

꽃 이파리가 지는 것처럼 보입니다

횃불을 들다

 1948년 4월 3일 새벽 1시, 섬 곳곳에서 싹터 자라던 민중의 분노는 한라산 중허리 오름들마다에서 붉은 횃불로 타올랐다.
 "경찰과 서북청년단의 탄압에 대한 저항!"
 "단독선거·단독정부 반대, 조국의 통일독립!"
 무장대는 12개 경찰지서와 서북청년단, 우익단체 간부의 집을 습격한다. 무장봉기를 일으킨 무장대의 숫자는 350명 내외이고, 그들은 무기도 변변치 않았다. 그나마도 일본군이 바다에 버리고 간 것을 잠녀(潛女)들이 꺼내 손질한 99식 소총 27개와 권총 3개, 수류탄 25발이 고작이었다. 무기의 대부분은 창이나 몽둥이였다.
 경찰은 '육지 불량배들이 도민을 선동했다'며 무장대 수를 거짓으로 부풀렸다. 미군은 '북한군 유입설'을 제기하며 제주사람들을 '빨갱이'로 몰았다. 미군정은 제주도 해상을 봉쇄하고 응원경찰 1,700명을 즉각 제주로 내려보냈다. 경찰청장 조병옥은 서북청년단 500명도 따로 내려보냈다. 토벌대는 미군정으로부터 최신무기를 지급받아 무장했지만 무용지물이었다. 무장대는 동에 번쩍 서에 번쩍 경찰을 농락했다. 무장대의 완벽한 우세였다.
 다급해진 경찰은 미군정이 모르게 조천과 애월지역에서 초토화작전을 벌인다. 초토화작전은 너무 잔인하다는 이유로 국제법으로 엄격히 금지된 군사작전이었다. 이런 식의 극악한 토벌을 피해 산으로 올라가는 사람들이 늘어나 그 수를 헤아릴 수 없게 되었다. 경찰의 비인간적인 토벌은 곧 미군정에게 발각되었다. 처음에 화를 내던 미군정은 곧 모른 척하기 시작했다. 더 많은 사람들이 산에 올랐고 사태는 점점 심각해졌다.

당시 제주사람들은 4·3을 경찰과 제주사람 간의 싸움이라고 생각했다.
응원경찰과 서북청년단이 젊은 사람만 보이면 개 패듯 폭력을 휘둘렀기에
많은 젊은이들이 그 폭력을 피해 산에 올랐다는 걸 이미 알고 있었다.
그래서 제주사람들은 무장대를 폭도라 부르는 대신 '산사람'이라고
불렀다. 먹을 것도 가져다주고, 산 아래 사정을 알려주기도 했다.
　4·3은 국가의 폭력으로부터 벗어나고자 한 열망의 표출이었고, 반으로
쪼개지지 않고 온전한 통일국가에서 살고 싶은 제주사람들의 염원이 담긴
제2의 독립운동이었다.

제주민중, 햇볕을 듣다, 각 원형지름 50cm, 제주 보리줄기, 천 연 염색, 2022

오라리 방화사건

항쟁이 평화롭게 해결될 기회가 있었다. 4·3 발발 25일 후인 4월 28일 많은 이들의 노력으로, 아주 어렵게 김익렬 9연대장과 무장대 총책임자 김달삼의 평화협상이 이루어졌다.*

- 72시간 내에 전투를 완전히 중지하되 산발적으로 충돌이 있으면 연락 미달로 간주하고 닷새 이후의 전투는 약속의 배신으로 본다.
- 무장 해제는 점차적으로 하되 약속을 위반하면 즉각 전투를 재개한다.
- 무장 해제와 하산이 원만히 이뤄지면 주모자들의 신병을 보장한다.

제주 섬에 평화가 찾아오는 듯했다. 하지만 3일 뒤인 5월 1일, 10여 채의 민가가 불타는 '오라리 방화사건'이 터졌다. 불이 나기 시작하자마자 미군의 항공촬영이 시작됐다. 미군정은 화재가 날 것을 어떻게 미리 알았을까? 그들의 발 빠른 항공촬영은 어떻게 가능했던 것일까?

김익렬 9연대장은 현장 조사 끝에 진실을 밝혀냈다. 방화는 우익 청년들의 짓이었고, 김익렬은 이들을 체포해 평화협상을 지키려 했다. 그러나 미군정과 경찰은 '오라리 방화사건'을 '폭도들의 행위'로 조작했고, 오히려 강경 진압의 명분으로 삼았다. 미군은 비행기로 촬영한 영상을 무성영화 〈제주도 메이데이〉로 제작했다. 영상은 폭도들이 방화를 일으키는 장면으로 둔갑했고, 아무것도 모르는 육지 사람들과 미국 본토 사람들은 제주도의 좌익 폭도들 만행에 치를 떨었다.

방화사건 이틀 뒤, 미군과 9연대 병사들이 귀순한 사람들을 호위해 내려오던 도중 괴한들의 습격을 받았다. 괴한들 중 한 명을 붙잡아 심문했더니 상부의 지시를 받아 귀순을 방해하러온 경찰이라고 자백했다. 그리고 얼마 후 무슨 이유인지 자살을 했다는 소식이 전해졌다. 죽은 자는 말이 없으니 김익렬도 더 이상 어쩔 수 없었다. 김익렬은 무장대에게는 약속을 깬 배신자가 됐고, 미군정에게는 무능력자로 찍혀 해임 당했다. 방화를 주동했던 우익청년은 나중에 경찰이 됐다.

*둘이 만난 날이 5월 1일이라는 주장도 있다.

오라리 방화사건, 80.3×116.8cm, 제주 보리줄기, 천연염색, 2021

소년 소녀 보초병, 빗개

　오라리 방화사건이 터지고 평화협상이 결렬된 후 경찰의 탄압은 더욱 강경해진다. 5·10 총선거가 코앞이었다. 대다수 국민들의 반대에도 불구하고 강행할 만큼 '5·10 단독 총선거'는 미군정과 이승만의 입지를 굳히는 데 중요한 일이었다. 이에 반발하며 무장대는 5월 7일부터 10일까지 선거사무소를 집중공격하고, 선거인 명부를 탈취하는 등 저항을 멈추지 않았다. 그 과정에서 관련 공무원을 납치, 살해하는 일도 발생했다. 날이 밝으면 제주섬 곳곳에 삐라(전단지)가 뿌려져 있었다.
　"경찰에 대항하기 위해 제주도민이여 단결하자."
　"분단국가 반대, 통일국가 만들자."
　"분단국가로 가는 불법투표, 인민은 거부한다."
　밤이면 산에서 내려온 청년들이 마을마다 다니며 투표 거부를 설득했다. 뜻을 같이하는 주민들이 가족들을 이끌고 산으로 몸을 숨겼다. 마을에 있으면서 투표를 안할 수는 없으니 잠시 자리를 피한 것이다. 선거가 끝나면 내려와야 했기에 짐도 단출했다. 경찰은 "젊은이=입산자=산사람=무장대=투표 거부=빨갱이"라는 그들만의 엉터리 공식을 세우고 4·3이 끝날 때까지 이 공식을 적용했다. 경찰은 젊은이들을 찾기 위해 온 마을을 구석구석 뒤졌고, 경찰에게 발각되는 순간 죽음을 피할 수 없었다.
　사람들은 언제 들이닥칠지 모르는 토벌대를 피하는 게 최선이라 생각하고, 마을이 훤히 보이는 마을 어귀나 오름에 보초를 세웠다. 제주말로 '빗개'다. 몸이 빠른 아이들이 빗개를 맡았다. 노란 군복 입은 군인이 보이면 '노랑개 왐수다', 검은 제복 입은 경찰이 보이면 '검정개 왐수다'를 외쳤다. 빗개는 경찰이나 군인이 마을로 들어오면 깃발이나 대나무 등을 이용하여 알렸다. 마을 사람들은 오름 위의 대나무를 수시로 쳐다보면서 두근거리는 마음으로 일을 했다. 그러다 대나무가 눕혀져 있거나 소리가 들리면 하던 일을 멈추고 재빨리 도망쳤다.
　그때까지 누구도 알지 못했다. 4·3의 광풍이 그리 오래 멈추지 않을 줄은….

빗개, 45.5×60.6cm, 제주 보리줄기, 제주옻, 먹물, 2018

우는 아이 울음도 그치게 한 서북청년단

　해방 후 소련이 한반도 이북을 점령하자 삼팔선을 넘어 남쪽으로 피신한 지주의 자식들이 많았다. 공산주의자들의 탄압을 피해 고향을 등진 이들이었다. 이들은 남쪽에 자리 잡고 자기들끼리 뭉쳐 단체를 조직했다. 대부분의 출신지역이 한반도 서북지역이어서 '서북청년단'(서청)이라는 이름이 붙었다. 이들은 노골적으로 '반공'을 내걸었다. 원한에 가득찬 피 끓는 젊은이들이 빈 몸뚱이 하나 가지고 무리 지어 내려왔으니 눈에 뵈는 게 없는 시한폭탄 같은 존재들이었다. 빨갱이라고 하면 눈이 뒤집히고 이를 갈았다.

　이승만 정권은 정권 유지를 위해 서북청년단의 원한을 이용했다. 애초에 제주사람들과 서북청년단의 악연은 국가가 만든 것이었다. 3·1절 기념사건 이후 미군정청 경무부장 조병옥은 다른 지방 출신의 응원경찰을 대거 제주로 내려보냈다. 그때 서북청년단도 함께 제주로 들어왔다. 처음에는 주로 엿장수를 하다가 점차 세력이 커지자 제주도민들에게 이승만의 사진과 태극기를 강매했다.

　4·3이 발발하자 그들은 경찰이나 군인으로 옷을 바꿔 입었다. 과거에 이승만 사진과 태극기를 사지 않았던 사람들은 총살되었다. 빨갱이라면 치를 떨던 그들은 인간사냥꾼이었다. 마음에 안 드는 제주사람들에게 빨갱이라는 누명을 씌워 목숨을 빼앗고, 재산을 빼앗고, 누군가의 딸과 며느리, 아내들을 빼앗았다.

　서청이 온다고 하면 울던 아이도 울음을 멈출 정도였다. 서·북·청·년·단! 그들의 극악무도한 횡포는 제주 4·3 발발의 주요 원인 중 하나였다. 그들에게 '살인면허'를 내어준 것은 바로 미군정과 국가였다.

빨갱이 사냥, 60.6×72.7cm, 제주 보리줄기, 제주흙, 먹물, 아크릴, 2018

5·10 총선거

　1948년 5월 10일, 민중의 저항을 짓밟고 한반도 남쪽만의 단독 총선거가 실시됐다. 한반도 최초의 민주선거이자 보통선거였다. 국제연합에서 35명의 감시원이 파견됐다. 하지만 미군정과 이승만의 노력에도 불구하고 제주도 3개 선거구 중 2개 선거구가 투표수 미달이 됐고 무효화 처리됐다. 그로 인해 총 200석 중 2석이 공석이 됐다. 제주도는 총선거를 거부한 유일한 지역으로 역사에 기록됐다.

　미군정과 이승만은 당황을 넘어 분노했다. 이 일로 제주도를 향한 탄압은 더욱 심해진다. 선거가 끝나고 이틀 후인 5월 12일, 미군은 전투기를 실은 구축함을 보내 제주도 해안을 봉쇄하고 강경진압을 명령했다.

　5월 20일, 미군정은 로스웰 브라운(Rothwell H. Brown) 대령을 제주지구 새로운 사령관으로 파견했다. 당시 제주도 내 법조계와 언론계 등에서는 브라운 대령에게 4·3의 발발 원인을 찾아 해결할 것을 제시했지만 "원인에는 흥미가 없다. 나의 사명은 진압뿐이다."라는 답변이 돌아왔다. 그의 관심은 오직 제주도 사태를 진압하고 6·23 재선거를 성공적으로 치르게 하는 것이었다.

　5월에 취임한 박진경 9연대장은 브라운 대령의 뜻을 받들어 무장대와 양민을 구분하지 않고 수천 명의 사람들을 무차별 체포한다. 그 공로를 인정받아 6월 1일 대령으로 초고속 진급하지만 6월 18일 부하 문상길 등에 의해 암살당한다. 미군정 수뇌부는 큰 충격에 빠진다. 결국 6·23 재선거마저 무기한 연기되었다. 강력한 진압 작전에도 불구하고 '점령 기간 내 가장 핵심적인 성과'라던 선거가 제주도에서만 두 번씩이나 실패한 것이다. 이승만과 미군정에게 제주도는 손톱 끝에 박힌 가시가 됐다.

　1948년 7월경, 제주의 경찰 병력은 2천명으로 불어났다. 경찰의 진압은 점점 가혹해지고 잔인해져갔다.

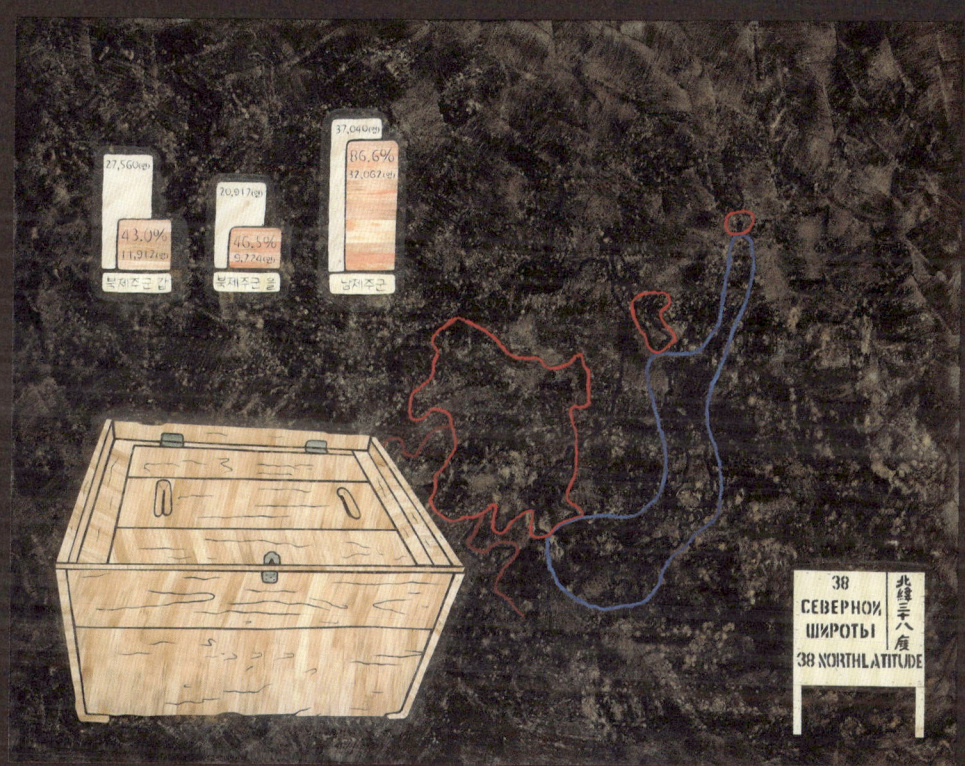

5·10 총선거, 80.3×116.8cm, 제주 보리줄기, 제주흙, 천 염색, 2020

이름 빼앗기지 마라

　토벌대는 무장대에 협조한 사람들의 명단을 찾았다는 거짓말로 주민들을 협박하고 회유한 후 자수를 강요했다. 토벌대의 고문이 워낙 가혹해 취조를 받게 되면 거짓 자백이라도 해야만 했다. 고문의 고통에서 벗어나는 길은 누군가의 이름을 대는 것뿐이었다.
　평소 원한이 맺힌 누군가의 이름을 대는 이도 생겼고 정신이 혼미한 와중에 떠오르는 가족의 이름을 부르는 이도 있었다. 그렇게 불린 이름들이 모두 죽음의 명단에 올랐다. 억울해도 어쩔 수 없었다. 언제부턴가 사람들 사이에서는 "이름 빼앗기지 마라."는 말이 떠돌았다.
　"매에는 장사가 어서(없어). 고문을 당허민 아무 이름이라도 불수밖에 어서(없어)…."
　토벌대의 총부리만큼 무서운 게 손가락 총이었다. 나 대신 죽을 사람을 손가락으로 지목만 하면 살 수 있었다. 빨갱이 누명을 쓰는 이들이 늘어갔다. 누군가의 손가락 끝에서 생(生)과 사(死)가 갈렸다. 사람들은 거짓인 줄 알았지만 외면할 수밖에 없었다. 귀를 닫아야 했고, 눈을 감아야 했고, 입을 다물어야 했다. 그리고 인간으로서의 모든 것을 포기해야 했다.
　오늘 하루 목숨 부지하기가 살얼음판 위를 걷듯 위태로운 날들이 계속됐다.

너, 90.5×50.0cm, 제주 보리줌에 아크릴, 2020

함정 토벌

　토벌대에게 학살은 하나의 놀이였다. 죄 없는 사람들을 죽이기 위해 죽어야 할 이유를 잘도 만들어냈다.
　토벌대는 낡은 옷을 입고 무장대로 가장해 민가로 들어갔다. "산에서 왔다."며 먹을 것을 요구하거나 숨겨줄 것을 간청했다. 그 모습이 측은해 밥을 주는 사람은 그 자리에서 죽임을 당했다. 이른바 '함정 토벌'이었다. 배고픈 사람에게 밥을 주면 빨갱이가 되는 세상이었다.
　토벌대는 총살에 앞서 총살자 가족들을 앞에 세우고는, 부모형제가 총에 맞아 쓰러질 때 만세를 부르고 박수를 치게 했다. 당시 현장에서 박수를 쳤던 8살 소년 안공림 씨는 평생 그 기억을 잊을 수 없었노라 눈물로 고백했다(1998년 증언 당시 58세).
　"너무도 끔찍해 눈을 뜰 수도 없었지만 벌벌 떨며 박수를 쳐야 했다."

폭풍 전야

　1948년 8월 15일 대한민국 정부 수립을 앞두고 제주에도 잠시 평화가 찾아드는 듯했다. 정부 수립이 진행되는 동안 잠시 토벌을 중단한 것이다. 하지만 8월 한 달 동안 두 차례에 걸쳐 800명의 육지 응원경찰이 제주로 내려왔다. 제주도 당국에는 아무런 사전 연락도 하지 않았다. 그렇게 소리 없이 조용히 제주도 초토화작전이 준비되고 있었다.
　정부 수립 후 대한민국 초대 대통령이 된 이승만은 자신의 정통성에 걸림돌이 되는 요소들을 제거해야만 했다. 제주도 2개 선거구 무효화는 선거 자체의 정당성에 문제가 됐고, 여순항쟁 발발까지 더해져 국제사회에서 우려의 소리가 커져갔다. 모두 국제연합의 정부 승인을 어렵게 하는 변수였다. 또한 김구, 김규식 선생 등이 지도하는 조국통일운동이 거세져 이승만 정권의 정통성이 상실될 위기에 놓여 있었다. 거기다 12월이면 미군정도 철수를 해야 했다.
　여전히 저항을 멈추지 않는 제주는 가장 거슬리는 걸림돌이었다. 이승만과 미군정의 입장에서는 제주 4·3이 민중항쟁이 되면 절대 안 되는 것이었다. 제주민중의 저항은 반란이어야 했고, 반역이어야만 했다. 1948년 12월에 국제연합으로부터 새 정부 승인을 받으려는 이승만 정부와 1948년 말까지 한반도를 떠나야 했던 미군정은 조급했다. 그 조급함이 '제주도 완전 섬멸'을 위한 초토화작전으로 이어지게 된 것이다.
　미군으로부터 '강인하고 용감한 사람'으로 높은 평가를 받은 송요찬은 이미 9월 초부터 부대를 정비하고 제주도 진압 작전을 시작한다. 이승만 정부는 10월 11일 '제주도경비사령부'를 설치하고 군 병력을 증파했다. 대대적인 국가의 지원 아래 군인과 경찰을 앞세운 토끼몰이식 수색 작전으로 수많은 사람들이 잡혀가고 사라져갔다.
　섬 전체가 공포에 휩싸였다. 섬 전역에서 비명소리가 멈추지 않았다.

포고령

1948년 10월 17일, 미군의 칭찬에 취해 더욱 공을 올리기에 열심이던 송요찬은 자신의 명의로 포고문을 발표한다.

"군은 해안선 일대에 잠복하여 천인공노할 만행을 감행하는 매국 극렬분자를 소탕하기 위하여 10월 20일 이후 군 행동 종료 기간 중 제주도 해안선으로부터 5킬로미터 이외의 지점 및 산악지대의 무허가 통행금지를 포고함. 만일 이 포고에 위반하는 자에 대하여서는 그 이유 여하를 불문하고 폭도배로 인정하여 총살에 처할 것임."

송요찬의 포고문이 발표된 다음 날 제주도 해안은 즉각 봉쇄된다. 해안선으로부터 5킬로미터 이외의 지점이면 제주 지형상 해안마을을 제외한 대부분의 중산간 마을이 모두 포함된다. 제주의 마을과 집 사이에 올레가 있는 것처럼 한라산과 제주 바다 사이에 중산간이 있다.

제주사람들에게 중산간은 바다와 더불어 삶의 중요한 터전이었다. 중산간 거친 흙에 씨앗을 뿌렸고, 오름 자락의 띠를 베어다 초가지붕을 이었고, 굼부리(분화구)에서 말과 소를 키웠다. 목숨을 다한 후에는 그 오름에 묻혔다. 해안선에서 5킬로미터 바깥의 제주 땅은 무장대의 근거지가 될 산악지대도, 토벌대의 토벌 대상이 될 지역도 아닌, 제주사람들이 오래도록 삶의 기반을 다져온 생활 터전이었다.

송요찬은 서북청년단 단원들까지 군에 편입시켜 특별중대를 만들고 그들에게 누구도 간섭 못할 권한, 바로 '살인면허'를 내주었다. 토벌대는 중산간 곳곳을 이잡듯 샅샅이 뒤지고 다녔고, 미군이 조종하는 연락기는 중산간 지대로 피신한 제주사람들을 체포하거나 학살하는 데 이용됐다.

거부하고 싶은 명령, 91.0×116.8cm, 제주 보리짚기, 천연염색, 안료, 2022

걸림돌 제거

토벌대는 초토화작전을 수행하기에 앞서 섬의 유지들을 일제히 압박하였다. 압박의 강도는 다양했다.

제주도 출신 대부분의 지식인들이 끌려가 감금당했다. 제주중학교 교장, 제주도 총무국장, 재산관리처와 신한공사 직원들이 학살되었다. 제주지검 검사를 포함해 법조계 인사들까지 끌려가 죽임을 당했다.

언론도 토벌 대상이었다. 1948년 10월〈경향신문〉제주지사장 현인하, 〈서울신문〉제주지사장 이상희가 끌려가 처형당했다. 지역언론사인 〈제주신보〉사장과 전무가 끌려갔고, 편집국장은 총살당했다.

1948년 10월 말부터 11월 초순 사이 9연대 장병 1백여 명이 군사재판도 없이 불법 처형당했다. 희생된 군인 대부분은 제주 출신이었다. 11월 1일 제주도 경찰당국은 "경찰에 침투해 있던 '남로당 프락치(끄나풀)'를 색출했다."고 발표했다. 무장대에 동조했다는 혐의로 죽임을 당한 1백여 명의 군인과 경찰들은 바닷물 속에 수장되었다는 풍문만 떠돌 뿐, 대부분 시신도 아무런 흔적도 없이 사라지고 말았다.

서북청년단은 날이 갈수록 그 위세가 등등했다. 경찰이라 해도 제주 출신들은 그들의 눈치를 봐야 했다. 강기주는 당시 제주경찰청 고위 간부인 강기천 총경의 동생이었다. 초토화작전이 시작된 1948년 11월 중순, 서북청년단이 강기주가 사는 마을에 들이닥쳤다. 모두가 죽을 위험에 처했을 때 강기주는 "나는 경찰가족 강기천 총경의 동생입니다. 무고합니다."라고 말했다. 그 말에 한 서북청년단원은 "경찰 간부면 다냐. 이 새끼는 더 악질이다."라며 그 자리에서 먼저 총살했다.

토벌대는 초토화작전에 앞서 걸림돌이 될 만한 상황을 미리 제거했다. 시국이 이 지경이다보니 보통사람들의 처지는 바람 앞의 등불보다 더 위태로웠다.

지옥도 2, 65.1×90.9cm, 제주 보리줄기, 안료, 2021

초토화작전

 1948년 11월 13일(음력 10월 13일), 토벌대는 초토화작전의 신호탄을 쏘아 올렸다. 제주도 동쪽 조천면 교래리·와흘리 2구·신흥리 3개 마을, 제주도 서쪽 애월면 소길리 원동마을, 한라산 산남 지역 안덕면 상천리·상창리·창천리 3개 마을 등 도합 7개 마을이 불길에 휩싸였다.
 조천면 교래리는 마을이 만들어진 뒤로 700년 역사를 자랑하는 유서 깊은 중산간 마을이었다. 1948년 11월 13일 새벽 5시, 군인들이 마을을 포위하고 집집마다 들이닥쳐 다짜고짜 불을 붙이며 총을 쏘기 시작했다. 잠에서 깨어나 다급히 밖으로 뛰어나오던 주민들이 총에 맞아 그 자리에서 쓰러졌다. 날이 밝아 총성이 멎었을 때 100여 호가 모여 살던 교래리는 잿더미로 변해버렸다. 희생자는 주로 노약자와 어린 아이들이었다. 시신들 대부분은 총에 맞은 채 불에 타버렸고, 열네 살 난 어린 소녀의 시신에는 대검이 찔려 있었다. 이날 아홉 살 아들 김문용을 잃은 양복천(梁福天, 사건 당시 30세) 할머니는 그날의 참상을 이렇게 증언했다.

남편과 조카는 다행히 피신했고 나는 아홉 살 아들, 세 살 난 딸과 함께
집에 있었어. 해가 뜰 무렵 요란한 총소리가 났지만 설마 사람을 죽일
거라고는 생각도 못했지. 그런데 갑자기 군인들이 우리 집으로 들어와
불을 붙이더라고… 무조건 "살려달라"고 빌었어. 하지만 군인들은
두 손 모아 빌던 나를 탁 밀면서 총을 쏘았어. 등에 업힌 딸과 함께 픽
쓰러지니까 아홉 살 난 아들이 "어머니~" 부르며 내게 달려들었고
군인들은 그런 아들을 향해 또 한 발을 쏘았어. "이 새끼는 아직
안 죽었네!"라면서 아들을 쏘던 군인들의 목소리가 지금도 귓가에
쟁쟁해. 아들은 가슴을 정통으로 맞아 심장이 다 나왔어. 업었던
아기를 내려보니 담요가 너덜너덜하고 딸의 다리에 손바닥만큼 구멍이
뻥 뚫려 있는 거라. 내 옆구리를 관통한 총알이 담요를 뚫고 딸의
다리까지 부숴 놓은 거야. 난 지금도 허리를 못 쓰고 딸은 평생 잘 걷지
못하는 불구자야. 그 전에 피하라든지 해안으로 내려가라든지 하는
아무런 연락이 없었어. 밤중에 못된 군인들이 갑자기 달려들어 쥐도
새도 모르게 한 일이라 그날 많이 죽은 거지.
— 양복천의 증언(증언 당시 84세, 조천읍 대흘2리, 2001. 10. 17 채록 증언)

  이날 여섯 살 난 한 아이는 세 군데나 총상을 입고도 기적적으로
살아났다. 김용길(아명 김창식)이었다. 총에 맞아 숨이 끊어지는 순간에도
급히 손자를 담요에 싸 대나무밭으로 던진 증조할머니 덕분에 불에 타죽지
않고 살 수 있었다. 아이는 총상의 후유증으로 사는 내내 오른팔 한 번
제대로 구부리지 못했다. 왼쪽다리는 관절뼈가 산산조각이 나 평생을
목발에 의지하며 살아야 했다.

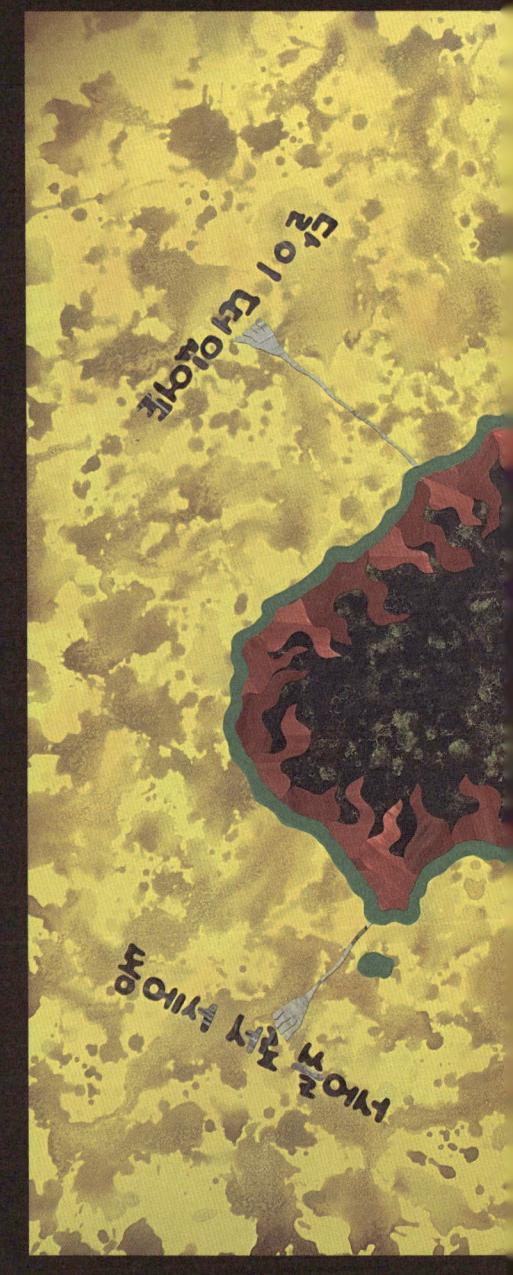

초토화작전, 91.0×116.8cm, 제주 보리줄기, 천연염색, 안료, 2022

여수 제14연대의 '제주 출병 거부'

대한민국 정부 수립과 더불어 미군 철수가 결정되면서 부족한 국방력을 보충하기 위해 제10연대에서 15연대까지 향토연대가 창설됐다. 제14연대는 1948년 5월 광주 제4연대 1개 대대를 근간으로 여수군 신월리에 주둔했다.

1948년 10월 19일, 제14연대에 "LST(상륙전용함선) 19일 20시 출항" 명령이 하달된다. 제주도로 내려가 제주사람들을 토벌하라는 명령이었다.

대한민국 국군 14연대 일부 군인들은 '나라를 지키는 군인이 나라의 주인인 국민을 죽일 수 없다'며 명령을 거부하고 총부리를 돌려 봉기를 일으킨다. 여기에 지역민들 일부가 동참하면서 봉기는 삽시간에 민중항쟁으로 확산되었다. 바로 '여순 10·19항쟁'이다.* 1948년 10월 25일, 여수·순천 지역에 계엄령이 선포된다. 제주에서와 마찬가지로 강경 토벌이 자행됐고 1만여 명 이상이 학살당했다.

제주 4·3과 여순 10·19항쟁은 쌍둥이처럼 닮은 슬픈 역사다. 국가로부터 버림받은 가여운 국민들의 이야기다. 한편 여순항쟁은 이후 이승만 정부를 더욱 미쳐 날뛰게 만드는 또 하나의 단초가 된다.

* 흔히 '여순사건'이라 불리는 민중항쟁으로, 여수에 주둔하고 있던 국군 제14연대 일부 군인들이 이승만 정권의 '제주 4·3' 진압 명령을 거부하고 일으킨 봉기와 그에 이은 일련의 사건을 가리킨다. 1948년 10월 19일부터 지리산 입산 금지가 해제된 1955년 4월 1일까지 여수·순천지역을 비롯하여 전라남도, 경상남도 일부 지역에서 벌어졌다.

여수 제14연대 '제주 출병 거부', 116.8×91.0cm, 제주 보리줄기, 천연 염색, 안료, 2022

1948년 대한민국정부, 유죄!

　11월 17일, 여수·순천에 이어 제주에도 계엄령이 선포된다. 계엄사령관인 송요찬 제9연대장조차 계엄령이 무엇인지 몰랐다. 계엄령은 본래 국가의 위기 사태 때 군대가 입법, 사법, 행정을 모두 장악해 실력을 행사하는 임시적인 조치를 말한다.
　이승만 정권이 여수·순천과 제주에 계엄령을 선포한 건 1948년 10월과 11월이다. 하지만 대한민국 계엄법은 그보다 1년 후인 1949년 11월 24일에야 제정, 공포 되었다. 이승만 정부는 계엄법도 없는 상태에서 계엄령을 선포하고, 없는 죄를 만들어가며 국민들을 대량 살상한 것이다. 반헌법행위였고 엄연한 반역행위였다. 여순항쟁 이후 이승만 정권은 국가보안법을 제정하고 강력한 반공정책을 실시했다. 학교에는 학도호국단을 만들어 학생들에게도 반공교육과 군사훈련을 받게 했다.
　계엄령은 초토화작전을 더욱 가속화시켰다. 토벌대는 '삼진작전(三盡作戰)'이란 말을 앞세우고 대대적인 무력 진압에 들어갔다. '삼광작전(三光作戰)'이라고도 불리는 삼진작전은 태워서 없애고, 굶겨서 없애고, 보이는 대로 죽여 없앤다는 것으로 일본이 중국전선에서 행했던 악명 높은 작전이었다. 수법이 너무 잔인하여 국제법으로 금한 군사작전이었다. 하지만 토벌대는 제주도 '빨갱이'들의 은거지를 아예 없애버리겠다는 일념으로 '초토화작전'을 금지한 국제법을 어겨가면서까지 반인도적인 삼진작전을 광범위하게 실행했다.
　초토화작전 기간 중에서도 1948년 12월 중순부터 약 열흘간이 집단학살이 가장 극심했다. 이 무렵 토벌대는 입산한 사람들을 총살한 후 목을 잘라오기도 했다. 그래야 공을 인정해주었기 때문이다. 이름을 밝히지 않은 한 서북청년단 출신 증언자는 "목을 잘라오면 승진을 시켜주었다."고 말했다
　1948년 12월 15일, 서귀면 주둔 토벌대는 작전을 마치고 내려올 때 길목인 서홍리에 들렀다. 서홍리 주민들은 토벌대의 손에 들린 끔찍한 모습을 목격했다. 당시 현장에 있었던 한 주민은 "어떤 여인에게는 자기 아들의 목을 들고 내려오도록 했다."고 증언했다.

여순항쟁, 80.3×116.8cm, 제주 보리지줄기, 천연 염색, 2021

용강마을 강씨 부부

한라산 중산간에 자리 잡은 용강마을, 이곳에 갓 결혼한 젊은 부부가 있었다. 떨어지기에는 애틋한 신혼이었지만 신랑 강씨도 몸을 숨겨야 했다. 강씨는 산속으로 떠나면서 새신부에게 친정에 가 있으라고 당부하였다. 신부는 토벌대가 활동을 멈추는 밤이 되면 혹시라도 돌아올지 모를 신랑이 걱정돼 신혼집을 지켰다. 마을 사람들이 같이 숨자고 해도 한사코 따라나서지 않았다.

마을로 진입한 토벌대는 주민이 모두 숨어버려 텅 빈 골목골목을 이 잡듯이 샅샅이 수색하고 약탈한 후 집집마다 불을 질렀다. 그리고 마을에서 멀찌감치 떨어져 있는 강씨네 초가를 발견한다.

토벌대에는 그 마을 출신 길라잡이가 있어서 강씨 부인 혼자 있음을 이미 알고 있었다. 그럼에도 토벌대는 소리 없이 강씨의 집을 포위한 후 지휘관의 신호에 따라 집중사격을 가했다. 사격은 총알이 떨어질 때까지 멈추지 않았다.

어스름이 깃들 무렵 마을이 잠잠해지자 숨었던 사람들이 마을로 돌아왔다. 강씨 집 올레로 들어서자마자 피비린내가 먼저 훅~ 풍겨왔다. 방문은 다 부서져 한 눈에 방안이 훤하게 들여다보였다. 방문을 걸어 잠그고 앉아 갓모자를 짜던 강씨의 신부는 사라지고 없었다. 방안 가득 살점과 뼈조각, 피가 범벅이 되어 아수라장이었다. 피에 엉킨 살점이 천정으로 튀어올라 달라붙어 있을 정도였다. 두 번은 차마 못 볼 지옥도(地獄圖)였다.

며칠 후 마을 청년들과 마을 주변 냇가 동굴에 숨어 있던 신랑 강씨도 토벌대에 발각되어 신부 뒤를 따라갔다.

죽음의 공포 속에서도 새신랑을 기다렸던 새신부! 이승에서의 행복은 너무나 짧았지만 저 세상에서는 무한세월 행복하기를….

엉터리 소개령

1948년 가을 포고령과 함께 소개령(疏開令)이 떨어졌다. 소개는 적의 공격으로 인한 피해를 줄이기 위해 한곳에 모여 있는 주민들을 분산시키는 조치다. 그 넓은 중산간을 초토화시킬 생각이었다면, 제주사람들을 살릴 생각이었다면, 그 전에 소개령을 충분히 알리고 주민들을 안전하게 대피시켰어야 한다. 하지만 소개령이 떨어진 것을 모르는 주민들이 많았다. 토벌대는 마을에 들이닥쳐 불부터 지르고 소개령을 내리는 경우가 다반사였다.

소개 대상 일순위는 가족 중에 경찰, 군인, 공무원, 대동청년단 등이 있는 사람들이었다. 하지만 대부분의 주민들은 소개령이 떨어져도 갈 곳이 없었다. 해안마을에 친척이든 지인이든 아는 연고가 있어야 헛간이라도 한 칸 빌릴 수 있을 텐데 그런 집은 많지 않았다. 거기다 어린아이와 노약자, 환자와 장애인들에게 해안마을까지의 길은 멀고 험했다. 중산간 사람들의 살림 밑천이었던 가축을 데리고 갈 수 없어 집을 떠나지 못하는 이들도 있었다.

사정이 이런데도 소개령이 떨어진 마을에는 그 누구도 남아 있어서는 안 됐다. 토벌대는 남성과 젊은 여성은 무조건 무장대로 치부했다. 만일 소개령 후에도 남은 자가 있다면 그자는 당연히 '빨갱이'거나 무장대와 내통하는 '통비분자'로 찍혔다. 어쩔 수 없이 마을에 남았다가 토벌대 눈에 띄면 온갖 고문을 당하고는 죽임을 당하였고, 특히 여성들은 성폭행 후 학살하거나 끌려가기도 했다.

많은 사람들이 해안마을로도 가지 못하고 자기 집에서 살 수도 없었다. 하지만 살아야 했다. 어떻게 하든 언제 끝날지 모를 학살의 모진 광풍을 피해야 했다. 그래서 한라산으로 올라가는 피난민이 줄을 이었다. 유난히 추웠던 1948년 겨울, 짐승같이 숨어 지내다 발각되면 그 자리에서 총살되거나 토벌대에 끌려갔다.

정적, 50.0×90.5cm, 제주 보리줄기, 제주흙, 먹물, 2017

대살

  소개령에 따라 해안마을로 내려온 사람들도 안전하지 못했다. '무장대와 한패다', '무장대에 협조했다'는 죄목을 붙여 죽이는 일이 벌어지곤 했다. 가족 중 소재 파악이 안 되는 청년이 한 명이라도 있으면 '도피자 가족'이라 하여 학살했다.
  위험하기로는 해안마을 주민들도 마찬가지였다. 토벌대는 주민들을 한곳에 집결시키고 호적을 들고 다니며 일일이 대조하고 사라진 가족을 찾아냈다. 어디에 있는지 몰라도 죄가 되고, 끌려가 죽은 가족이 있어도 죄가 되었다. 도피자 가족이 된 늙은 부모와 아내, 어린 자식들은 도피자를 대신하여 서천꽃밭*으로 날아갔다. 제주사람들은 이를 '대살(代殺)'이라고 불렀다. '가족 대신 죽는다'는 말. 기가 막힌 말이다.
  살아도 산 것이 아닌 통곡의 나날들. 한라산 구석구석, 중산간 마을, 바닷가 마을… 제주도 전체가 사냥터였다. 토벌대는 노루떼를 사냥하듯 토끼몰이를 하듯 그렇게 인간사냥을 했다. 결국 당국의 명령에 따라 해안마을로 소개 내려왔던 사람들조차 다시 산으로 들로 도피할 수밖에 없었다. 4·3은 더욱 장기화되었다.

> 9연대는 중산간 지대에 위치한 마을의 모든 주민들이 명백히 게릴라부대에 도움과 편의를 제공하고 있다는 가정 아래 마을 주민에 대한 '대량학살계획(program of mass slaughter)'을 채택했다.
> ―미군정 정보보고서 중에서

* 서천꽃밭은 제주도 무가(巫歌)에 등장하는 생명의 공간이다.

손가락 총 1, 130.3×162.2cm, 제주 보리줄기, 천연염색, 2021

어멍

집집마다 입산자가 있었다. 집집마다 산사람이 있었다. 뼈 속 깊이 사회주의자인 투사도 있었고, 마을에 있다 잡혀 죽을까 숨은 사람도 있었고, 부모에게 등 떠밀려 올라간 젊은이들도 있었다. 누군가의 아버지요, 남편 그리고 아들들이었다.

그리고 그들을 위해서 오줌허벅*을 들고 나서는 '어멍(어머니)들'이 있었다. 은신한 이들에게 꼭 필요한 것 중 하나는 소금과 간장, 된장이었다. 어멍들은 오줌허벅을 이용해 날랐다. 오줌허벅에 식량을 나르다가 발각되어 토벌대에게 사살된 이들이 마을마다 몇 명씩 있었다.

밤이면 산에 숨은 이들과 무장대가 식량을 구하러 마을에 내려왔다. 어멍들은 식량이 될 만한 호박과 고구마 등을 담은 자루를 올레 어귀에 놔두어 간접적으로 먹을거리를 제공하였다. 산에서 내려온 이에게 식량을 주다 들키면 당장 끌려가 고문을 당하고 죽임을 당할 걸 알면서도 산에 피신한 사람들을 굶게 놔둘 수 없어 위험을 감수하였다. 어멍들의 마음이었다.

* 허벅 또는 물허벅은 물동이의 제주말로, 오줌허벅은 오줌을 항아리에 받아 발효시켜 만든 밑거름을 담아 나르는 데 사용했다.

어멍, 35.0×35.0cm, 제주 보리 줄기, 아크릴, 2017

표선면 가시리

  1948년 11월 15일 새벽, 표선면 가시리마을에 토벌대가 들이닥쳤다. 순식간에 30여 명의 주민이 싸늘한 주검이 되었다. 젊은이들이 급히 피신한 가운데 마을에 남아 있던 노인과 어린이들이었다. 한 가족 12명이 가까운 숲에 함께 숨어 있다가 한날 한시에 죽었다. 60대 노부부는 3살 손녀와 이제 돌이 지난 손자를 데리고 피신했다. 굴을 찾아 몸을 숨겼지만 굴 밖으로 아기 울음소리가 새어 나갔다. 진압군이 굴속으로 수류탄을 던졌고, 노부부와 어린 두 아이는 그 자리에서 죽음을 맞았다.
  일주일이 지난 11월 22일경, 마을에 "해변마을 표선리로 소개하라."는 명령이 떨어졌다. 이때부터 주민들은 뿔뿔이 흩어졌다. 일부는 친척이 있는 표선마을이나 토산마을로 소개를 갔다. 하산 기회를 놓친 주민들은 들녘을 전전하다 토벌대에 발각돼 죽음의 강을 건넜다.
  소개령에 따라 표선마을로 내려간 주민들은 표선국민학교에 수용됐다. 한 달여 지난 1948년 12월 22일, 토벌대는 주민들을 운동장에 집합시켰다. 모인 주민들의 호적을 일일이 확인하며 가족 전부가 소개해온 집안과 그렇지 않은 집안을 나누어 세웠다. 호적과 대조해 가족 구성원 중 한 사람이라도 그 자리에 없으면 '도피자 가족'이라는 '죽음의 딱지'를 붙였다. 죽음의 딱지를 떼지 못한 주민 76명은 끌려가 집단 총살당했다. 시신에 흙만 덮어뒀다가 1년 후 마을이 재건될 때에 제대로 묻었다.
  경찰과 군인으로 구성된 토벌대의 만행은 끝이 없었다. 학살극은 멈추지 않았다. 표선마을로 소개되어 간 주민들은 '당케' 부근 백사장에서 떼죽음을 당했다. 진압군은 총살을 하면서 주민들은 물론 죽어가는 이의 가족까지 세워놓고 '만세!'를 외치고 박수를 치게 했다.
  4·3 이전까지 350여 가구가 옹기종기 모여 살던 가시리에서 무려 5백여 명의 양민이 희생됐다. 어느 집 하나 죽음을 피해가지 못했다. 국가는 이렇게 제주섬을 학살했다. 희생의 87%가 국가공권력에 의해 저질러졌다.

순가락 총 2, 162.2×112.1cm, 제주 보리줄기, 아크릴, 2022

'노력동원령'과 '자수공작'

　중산간마을에 대한 강경진압작전이 막 시작될 무렵인 1948년 11월 중순경, 애월면 하귀리에서는 청년들을 찾아볼 수 없었다. 1948년 5월 총선 후 경찰에 의한 총살이 잇따라 벌어지자 청년들은 저마다 은신처를 만들어 꼭꼭 숨어 있었다.
　1948년 12월 5일경, 외도지서에서 하귀리 주민들에게 동원령을 내렸다. 겨울동안 쓸 장작을 마련해야 하니 톱과 도끼를 들고 지서 앞으로 모이라는 것이었다.
　'월동 장작 마련'이라는 것은 함정이었다. 경찰은 '너 도로 차단했지', '전봇대 끊었지'라고 추궁하며 구타를 하기 시작했다. 청년들을 골라내 차에 태웠다. 이들은 영원히 고향에 돌아오지 못했다. 전국 각지의 형무소로 보내졌다가 한국전쟁 발발 직후 국군에 의해 집단 총살됐다.
　'노력동원령'으로 일부 청년들을 잡아들인 외도지서에서는 뒤이어 '자수공작'을 펼쳤다. 첫 자수공작은 개수동(蓋水洞, 후에 '학원동'으로 개명)을 대상으로 벌어졌다. 외도지서에서는 개수동 청년들에게 자수하라는 통보를 보냈다. 개수동에도 무장대로 입산해 활동하던 청년들이 일부 있었다. 어떻게 알았는지 경찰은 마을 인근에 숨어 있는 청년 10여 명의 이름을 지목했다. 이들이 나타나 자수하면 모두가 무사할 것이지만, 그렇지 않으면 마을 전체가 크게 당할 것이라는 통보였다.
　온 마을이 고민에 빠졌다. 지목된 10명 중 한 명인 김호중이 총대를 맸다. "일단 내가 먼저 출두하겠다. 내가 무사하면 뒤이어 자수하라."며 홀로 외도지서로 갔다. 그러나 경찰은 김호중을 12월 7일 총살해버렸다.
　'노력동원령'과 '자수공작'은 하귀리에서만 일어난 일이 아니다. 초토화작전 초기에 숨어 있는 청년들을 밖으로 끌어내기 위해 제주도 전역에서 이루어졌다.

북촌마을 집단학살

1949년 1월 17일 아침, 무장대의 공격으로 군인 2명이 죽었다. 이후 북촌마을로 군인들이 들이닥쳤다. 총을 들이대며 마을 사람들을 국민학교 운동장으로 끌고갔다. 민가 400여 채를 모두 불태워버렸다.

운동장에는 1천여 명의 주민이 모여 있었다. 어린 아이에게 총부리를 들이대며 '이 중에 빨갱이가 누구냐?'고 닦달을 해댔다. 아이의 입에서는 듣고 싶은 대답이 나오지 않았다. 토벌대는 주민들을 20여 명씩 끌고가 차례대로 죽이기 시작했다. 오전에 시작된 피의 살육은 해가 질 무렵이 돼서야 끝났다. 이날 하루 300여 명이 넘는 마을 주민들이 죽임을 당했다.

떼죽음은 여기서 끝난 것이 아니었다. 사살 중지를 명령한 대대장은 주민들에게 '다음 날 이웃 마을인 함덕으로 오라'고 전하고 병력을 철수시켰다. 살아남은 주민들 중 일부는 산으로 피신했고 일부는 대대장의 말대로 함덕으로 갔다. 함덕으로 갔던 주민들 가운데 100여 명 가까이가 '빨갱이 가족 색출작전'에 휘말려 다시 희생됐다.

해는 지고 살을 에이는 동지섣달 추위 속에 가족들을 찾는 울부짖음과 집에 매어둔 가축들이 불에 타면서 지르는 처절한 비명소리… 살아남은 사람들은 타다 남은 집 한 구석에서 공포로 밤을 새웠다.

날이 밝자 겨우 정신을 차려 죽은 가족들의 시신을 찾아 나섰다. 워낙 많은 죽음에다 시신을 제대로 수습하는 것조차 보장되지 않았고, 또 마을에 남은 건 대부분 아녀자들이었기 때문에 임시로 시신을 매장할 수밖에 없었다.

사태가 진정된 후 그나마 연고가 남은 사람들의 시신은 그래도 수습할 수 있었다. 하지만 어린아이나 무연고자 시신은 그 후로도 오랫동안 방치됐다.

조천읍 북촌초등학교 동쪽 언덕 작은 공원인 탯질밭에는 지금도 어린애기 무덤이 남아 있다. 오래전 제주사람들은 아이들 영혼은 저승에 가지 않고 까마귀가 가지고 간다고 믿었다. 그래서 무덤을 만들지 않았다. 풍습에 따라 그때 죽은 애기들이 그냥 그 자리에 묻힌 것이다.

선흘마을

선흘마을은 초토화작전 중 토벌대에 의한 피해가 가장 극심했던 곳 중 하나다. 1948년 11월 21일 선흘국민학교에 주둔한 군인들에 의해 온 마을이 불타며 소개됐다. 해안마을에 연고가 있는 노약자들은 소개령에 순순히 따랐지만, 나머지 주민들은 마을 인근의 숲이나 굴로 정신없이 피신했다. 수십만 평의 동백나무 숲인 선흘곶은 방향을 가늠키 어려울 정도로 우거졌고, 자연동굴들이 있어 은신처로서 적당했다. 하지만 선흘 주민들의 운명은 오래가지 못했다. 11월 25일부터 연 사흘째 주민들이 숨어 지내던 동굴이 잇따라 발각됨으로써 초토화작전 초기에 몰살을 당했다.

11월 25일, 도틀굴이라고도 불리는 반못굴이 발각되었다. 토벌대의 혹독한 고문을 못 이긴 누군가 목시물굴을 지목했다. 26일, 목시물굴이 발각되었다. 또 토벌대의 혹독한 고문을 못 이긴 누군가 밴뱅디굴을 말했다. 27일, 밴뱅디굴 발각 그리고 토벌… 굴을 안내한 길잡이 역시 죽임을 당했다.

살아남은 사람들은 교대로 망을 보며 희생자들의 시신을 수습했다. 토벌대의 눈이 무서워 낮에는 나서지 못하고 밤이 되면 호롱불을 의지한 채 어르신들이 죽은 자식을 찾아다녔다.

> 내가 숨어 있었던 목시물굴로 가니 차마 눈 뜨고는 보지 못할 광경이 벌어져 있었습니다. 시신에 휘발유를 뿌려 태웠는데 서로 뒤엉켜 있었습니다. 그중 얼굴이 심하게 탄 두 명은 식별할 수조차 없었습니다. 우린 까마귀들이 달려드는 것을 막으려고 시신을 가매장했습니다. 나중에 유족들이 왔을 때 찾을 수 있도록 나무를 반으로 쪼개 이름을 써 시신 옆에 세웠습니다. 그 다음 희생자 명단을 적은 노트를 두 권 만들어 하나는 제가 갖고, 하나는 항아리에 담아 땅 속에 묻어두었습니다. 함께 있던 사람에게 말했습니다. '내가 죽거든 이 항아리에서 문서를 찾아내 살아남은 사람들에게 알리라'고 말입니다. 선흘리는 피해가 컸습니다. 선흘1구는 당시 300가호였는데 제가 확인한 사람만 해도 157명이 희생됐습니다.
> ― 김형조 증언(당시 80세, 조천읍 선흘리, 2001. 9. 25 채록 증언)

피 흐르며 숨어드는 굴터, 53.0×40.9cm, 제주 보리줄기, 아크릴, 2020

불타는 관음사

1918년 10월, 이듬해 전국적으로 벌어진 3·1독립만세투쟁보다 5개월 먼저 일어난 서귀포 법정사 항일투쟁은 조천만세투쟁, 잠녀항일투쟁과 함께 일제강점기 동안 제주에서 벌어진 가장 큰 항일투쟁 중 하나다. 그럴 만큼 사회참여 의식이 강했던 제주불교와 개혁파 스님들은 해방 후에도 그 행보를 이어갔다. 이일선 스님은 제주도 민주주의민족전선 활동에 앞장섰고, 이세진 스님은 4·3항쟁 당시 무장대 지도부로 활동하기까지 하였다.

4·3항쟁 동안 제주불교 개혁의 핵심세력이던 열여섯 명의 스님들이 '빨갱이', '폭도'라는 죄명으로 목숨을 잃었다. 무장대의 근거지가 될지도 모른다는 이유로 서른다섯 곳의 사찰이 토벌대에 의해 불태워지고 초토화되기도 했다.

1949년 2월, 제주불교의 상징이었던 관음사 역시 무장대의 근거지였다는 이유로 토벌대에 의해 모두 불태워졌다. 토벌대가 관음사를 불지르던 날, 마른하늘에 번개와 벼락이 쳤다.

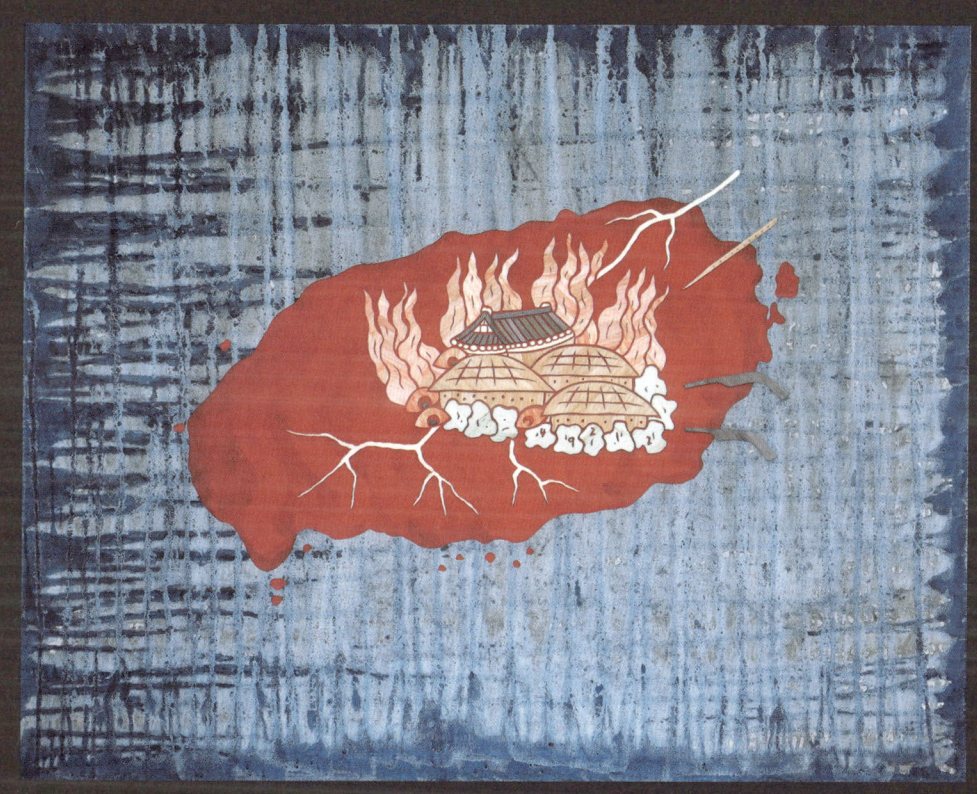

불타는 관음사, 80.3×116.8cm, 제주 보리줄기, 천연염색, 인료, 2021

관음사, 생존의 기억

 하루는 토벌대가 쌓은 성을 무장대가 허물고, 하루는 무장대가 쌓은 성을 토벌대가 허물었다.
 "제일 만만한 건 백성들이라 총부리에 끌려와 돌담 쌓고, 살고 싶어 돌담 쌓고…."
 지금도 관음사 주변에는 그렇게 돌로 쌓은 스물일곱 곳의 숙영지와 초소가 4·3 방어유적지로 남아 생존의 시간들을 증언하고 있다.

관음사, 생존의 기억, 112.1×145.5cm, 제주 보리줄기, 천연염색, 2021

목동을 살리고 죽은 이성봉 스님

"스님, 방금 지나간 목동 어디로 갔소?"
"보지 못했소."
'탕~탕~탕~ 탕탕탕~~~'
여섯 발의 총성이 울리고 스님의 피가 사방으로 튀었다. 스님의 피가 절 마당을 붉게 물들였다. 토벌대가 무서워 시신도 수습할 수 없었다. 칠흑 같은 어둠이 세상을 덮은 후에야 스님의 시신을 거둘 수 있었다.
여섯 발의 총알은 스님의 몸을 벌집으로 만들어놓았다. 남은 사람들은 법당에 있던 부처님 방석을 꺼내다 솜을 뜯어 총알구멍을 메웠다.
스님의 희생으로 목숨을 건진 젊은 목동은 훗날 절에 찾아와 눈물을 흘렸다. 목동은 남은 삶의 긴긴 날을 '죄책감'과 '공포'라는 깊은 정신적 충격에 시달려야 했다.

지옥도 1, 65.1×90.9cm, 제주 보리줄기, 안료, 2021

우리 스님 박사스님, 신홍연 스님

　신홍연 스님은 일본에서 유학을 하고 제주로 돌아와 제주 불교개혁에 앞장섰다. 사람들은 박사스님, 똑똑이스님이라 부르며 따랐다. 스님은 마을 사람들과 뜻을 모아 일본에서 가지고온 비파, 시금치, 무, 배추 등의 농사를 지으며 모두 함께 잘 사는 세상을 꿈꾸었다.
　신홍연 스님이 꿈꾼 모두 함께 잘 사는 세상은 실현되지 못했다. 스님도 4·3의 희생자였다. 4·3의 광풍을 피해 도망온 마을 청년들을 절에 숨겨주고 밥을 해 먹이다 발각돼 토벌대에게 잔인한 죽임을 당했다. 토벌대에 의해 불태워진 스님의 외꼴절은 4·3 후에도 복구되지 못하고 사라진 절, 잊혀진 절이 됐다.

외풀절, 65.1×90.9cm, 제주 보리지줄기, 안료, 2021

수장, 이세진 스님

 티베트에서는 나쁜 병을 앓다 죽은 시체를 가죽포대에 싸서 강가에 버린다. 그래야 사악한 망령이 돌아오지 못한다는 믿음 때문이었다. 4·3 당시 제주에서는 산 채로 사람을 바다에 던졌다. 혹시나 시체가 떠오를까 싶어 몸에 무거운 돌까지 매달아 던졌다. 이승을 떠난 '혼(넋)'조차도 돌아오면 안 될 만큼 제주사람들이 지은 큰 죄는 도대체 무엇인가?
 관음사를 근거지로 무장대 활동을 하며 '권총 찬 스님'으로 불렸던 이세진 스님. 스님 또한 예비검속 때 붙잡혀 제주시 산지 포구 앞바다에서 수장당했다. 스님의 나이 마흔하나였다.

수장, 116.8×80.3cm, 제주 보리줄기, 천연염색, 안료, 2021

점령지에서 아메리카군

1945년 8월 15일
이날은 해방의 날이 아니란다
제국-아메리카 병사들
LST군함에 몸을 담고
미지의 땅 제주섬에서 작전명령을 기다린다
M1 소총과 수류탄
저장된 CIC의 정보분석에 따라
살해를 임무로 해온 미병사들은
콩밭에서 도로변에서
조국의 딸들을 쓰러뜨렸다네
(중략)
제국-일본군이 이 땅을 떠나가기도 훨씬 전부터
장사꾼-기업가 회사원-들의 손에는 코카콜라가 쥐어졌고
아메리카의 이익을 조선의 번영이라고
아메리카의 번영을 조선의 발전이라고
아메리카의 발전을 조선의 근대화라고
가르치기를 시작했다네
(중략)

고립작전
바비큐작전이라네
불사르고, 죽이고, 약탈하는 삼광작전이라네
불태워 없애고, 죽여 없애고, 굶겨 없애는 삼진작전이라네
무지개부대 비밀작전―유격전술, 육해상 침투, 공중낙하,
산악전술, 공작, 심리전, 도하전술, 전이, 태업, 생존훈련,
첩보, 유격, 방첩, 반첩보, 반벙첩(米軍에게 특수훈련을 받은)이라네
"1. 작전 구역의 공비분자는 전원 사살하라
2. 공비의 거점인 부락 가옥을 전부 소각하라
3. 식량을 안전지대로 운반하라"는 작전명령이라네

― 김명식, 점령지에서 아메리카군 중에서*

* 4·3 제주도 민중항쟁을 그린 서사시집 《유채꽃 한아름 들고》(동광출판사, 1989) 수록.

거짓말과 협박, 학살로 가는 길

　토벌대는 주민들에게 "과거에 조금이라도 산에 협조한 사실이 있으면 자수해 편히 살라."고 했다. 4·3 초기 무장대가 활발하게 활동할 때 옷가지 하나, 쌀 한 되 내지 않은 사람이 없었다. 이미 '명단'을 확보하고 있다는 거짓말과 나중에 발각되면 죽음을 면치 못할 것이라는 협박이 뒤따랐다. 하나둘 자수를 했고 토벌대는 이들을 집단 학살했다.
　1948년 12월 13일 대정면 하모리에서 '자수'한 사람 48명이 희생되었다. 12월 21일 조천면에서도 '자수'한 사람 150여 명이 제주읍내 '박성내'로 끌려가 총살당했다. 몇몇 사람이 총에 맞은 채 꿈틀대자 시신에 휘발유를 뿌려 불을 질렀다. 박성내에서 벌어진 학살극은 총에 맞고도 탈출에 성공한 유일한 생존자 김태준에 의해서 가족들에게 알려졌다. 주민들은 이를 '자수사건'이라고 불렀다.

토벌대도 무섭고, 무장대도 무섭고

   4·3 발발 당시 주민들은 산사람(무장대)에게 호의적이었다. 통일조국을 외치는 무장대의 명분이 제주사람들의 뜻과 같았고, 가족 중 누군가는 경찰과 서북청년단의 무자비한 만행을 피해 산사람이 되었거나, 보호를 받고 있었기 때문이다.
   하지만 초토화작전이 본격화되면서 무장대도 보복 습격을 벌이기 시작했다. '토벌대 진영'으로 간주되는 세화·성읍·남원 등의 주민들을 무차별 살해하는 일이 일어났다. 토벌대가 이 지역 사람들을 길잡이로 내세워 무장대 소탕에 나서면 그 당사자와 가족에 대해 잔인하게 보복했다. 식량을 약탈하러 갔다가 보초 서던 주민을 살해하기도 했다.
   4·3이 길어질수록 보복의 형태는 더 무자비해졌다. 4·3 기간 동안 무장대에게 희생된 사람은 전체 사망자의 약 10분의 1에 해당한다.
   낮에는 토벌대 세상이요, 밤에는 무장대 세상. 토벌대도 무섭지만 무장대도 무서웠다. 그 사이에서 고통받는 건 주민들이었다.

후유장애, 무명천 할머니

어느 겨울 깊은 밤, 서른다섯 젊은 아낙이 어디선가 날아온 총알 한 발을 맞고 쓰러졌다. 한 달을 이승과 저승을 넘나들다 기적처럼 눈을 떴을 때 그녀의 턱은 사라지고 없었다. 그 날 이후 죽는 날까지 55년 세월을 공포와 고통 속에 살아야 했다.

평생 문마다 자물쇠를 '꽁-꽁' 채우는 일에 집착했고, 평생을 영양실조에 시달려야 했다. 아무것도 씹을 수 없어 수액 한 병으로 배고픔을 달래야 했다. 부서진 턱을 감추느라 죽는 날까지 하얀 무명천을 얼굴에 감고 살았다.

제주에는 지금도 4·3이 남긴 후유증으로 고통받는 제2, 제3의 무명천 할머니, 할아버지들이 살고 있다.*

* 진아영 할머니도 4·3 당시 경찰의 총에 턱을 잃어버린 후 턱 없이 50여 년을 살았다.

무명천 할머니, 91.0×116.8cm, 제주 보리줄기, 천연염색, 2021

4·3돌성

1948년 가을부터 제주 전역에 4·3돌성 쌓기가 시작됐다. 주민들과 무장대의 접촉을 막음과 동시에 주민들을 통제하기 위해서였다. 돌성을 쌓기 위해 인근 밭에 있는 밭담(밭돌)이나 산담(무덤돌)의 돌을 가져왔다. 돌절구나 주춧돌까지도 가져다 써야 했다. 추운 날씨에 무거운 돌을 날라야했기에 주민들의 어깨와 등 살갗이 벗겨져 성할 날이 없었다. 돌성이 완성되면 주민들은 겨우 들어가 잠만 잘 수 있게 엉성히 집을 짓고 집단거주를 하였다. 사실상 수용소나 다름없었다.

4·3돌성은 군사시설이기도 했다. 성벽에 총구멍을 만들어 바깥을 향해 무기를 겨눌 수 있었고, 돌성 모서리마다 2층 구조의 경비 망루를 지어 무장대의 침투를 감시했다. 젊은 남자들은 이미 희생당하거나 빨갱이로 몰리기 싫어 자원 입대를 했기에, 보초를 서는 일은 16살 이상의 여성과 노약자들의 몫이었다. 보초를 제대로 서지 않는다고 노인들이 경찰들에게 폭행당하는 일도 빈번했고, 바로 끌려가 총살을 당한 이도 있었다.

정문초소 통행증이 없으면 돌성 안과 밖의 출입이 금지됐다. 야간에 통행금지시간이 넘으면 돌성 안으로 들어갈 수 없었다.

돌성 안에 주민들을 통제하고 경비순찰을 담당하는 경찰지서가 설치됐고, 식사부터 그들에게 필요한 수발을 드는 것 또한 주민들의 몫이었다.

고통은 끝이 없었다.

아미봉 트*, 33.4×53.0cm, 제주 보리줄기, 제주흙, 아크릴, 2020

*작품 제목 '아미봉 트'는 '아미봉 아지트'의 줄임말이다. 아미봉은 관음사 뒤에 있는 오름으로, 스님들이 돌성을 쌓고 아지트로 삼았다. 숨어서 생활하는 공간이자 망을 보다 토벌대가 오면 신호를 보내는 초소였다.

가해자들

"원인에는 흥미가 없다. 나의 사명은 오직 진압뿐!"
— 로스웰 브라운 대령

"국방경비대는 제주도의 서쪽부터 동쪽 땅까지 휩쓸어버리는 작전을
진행시키고 있다."
— 로스웰 브라운 대령

"제주 폭동 사건을 진압하기 위해서라면 제주도민 30만 명을 다
희생시켜도 괜찮다."
— 박진경 대령

"지방 토색 반도 및 절도 등 악당을 가혹한 방법으로 탄압하라."
— 이승만, 1949년 1월 21일 국무회의

가혜저듬, 33.4×53.0cm, 제주 보리줄기, 아크릴, 2020

산에서 내려온 사람들

　1949년 3월, 제주도지구 전투사령부가 설치되고 '산악소탕전'과 '귀순공작'이 함께 전개됐다. 한라산 전역에 "산에서 내려와 귀순하면 모두 용서한다."는 소문이 퍼지고, 하늘 위에서는 "자수하면 용서한다."는 전단지를 뿌려댔다.
　추위와 배고픔, 시시각각 죽음의 공포에 시달리던 아이들과 노인들, 여인들, 입산자들은 백기를 매단 나뭇가지를 들고 산 밑 해안마을로 내려갔다.
　하산한 주민들은 제주 읍내 주정공장, 서귀포 단추공장 등에 갇혔다. 그 수가 1만여 명에 달했다. 일부는 석방되기도 했지만, 상당수는 군법회의에 회부되었다. 원칙도 규칙도 없었다. 수많은 사람이 형량도 죄명도 모른 채 형식적인 군법회의를 거쳐 전국 각지의 형무소로 보내졌다.

지상에 남은 숟가락 하나

　1949년 6월 8일, 관덕정 마당에 시체 하나가 내걸렸다. 형틀 옆에 붙어 있는 글이 그가 누구인지를 전해주고 있었다.
　"이덕구의 말로를 보라."
　부잣집 막내아들로 태어나 일본유학을 마친 학도병 출신 지식인 이덕구. 해방 후 고향 제주로 돌아와 한반도 역사와 지리를 가르치는 선생님이 되었다. 아이들은 노래를 만들어 불렀다.
　"박박 얽은(곰보자국) 그 얼굴 덕구 덕구 이덕구 장래 대장가슴(감)~"
　아이들이 부르던 노래처럼 월북한 김달삼(본명 이승진)의 뒤를 이어 제주도 무장대 2대 총사령관이 된다. 죽는 날까지 토벌대의 초토화작전에 맞서 끈질기게 저항했다. 이덕구의 가족 20여 명이 토벌대에게 몰살당했고 남은 가족들도 고향을 떠나 뿔뿔이 흩어졌다. 통일된 독립국가를 꿈꾸며 끝까지 저항했던 스물여덟 청년 이덕구. 그가 세상에 남긴 건 토벌대 윗옷 주머니에 꽂아둔 숟가락 하나가 전부였다.
　이덕구와 관계 있는 이들은 누구라도 이 비극을 피하지 못했다.
　"살려주세요 아저씨… 살려주세요…" 다섯 살 소년은 경찰 발치에 쭈그리고 앉아 사시나무 떨듯 떨고 있었다. 소년의 뒤에는 소년의 어머니와 두 살 된 여동생이 피를 흘리며 쓰러져 있었다. 경찰은 겁에 질려 울고 있는 소년을 향해 웃으면서 말했다. "아버지가 있는 산으로 뛰어봐라. 그럼 살려주마."
　소년이 일어섰다. 두려움에 오줌을 지렸는지 바짓가랑이가 다 젖어 있었다. 한 발짝을 겨우 떼더니 경찰이 가리키는 방향으로 달리기 시작했다. 소년이 막 대문을 나서려고 할 때 총소리가 울렸다. 총탄을 등에 맞은 소년이 고꾸라졌다. 소년의 아버지는 이덕구였다.

지상에 남은 숨가락 하나, 80.3×116.8cm, 제주 보리줄기, 천연염색, 2021

한국전쟁과 예비검속

1950년 6월 25일 한국전쟁이 발발했다. 7월 8일 전국적으로 비상계엄령이 선포됐다. 이승만 정부는 전국 각 지역 경찰서에서 파악하고 있던 국민보도연맹원*과 반정부혐의자들에 대한 전국적인 '예비검속'을 실시했다. 예비검속은 죄를 지을 가능성이 있을 것 같은 사람을 미리 찾아내 조치를 취하는 것이었다. 사실상 빨갱이가 될 가능성이 조금이라도 있다면 미리 찾아내 가두고 죽이는 게 목적이었다.

1950년 8월 17일, 제주도 현지 상황을 조사했던 주한 미국대사관 직원이 남긴 보고서에는 다음과 같은 내용이 기록되어 있다.

> 등록된 국민보도연맹 회원 27,000명과 과거 반란 사건 시기와 그후에 공산주의자로서 피살된 사람들의 친척 약 50,000명이 제주도에 잠재적인 파괴분자로 존재하고 있다.

4·3 강경진압작전 때 검속되었다가 1차 석방되었던 사람, 경찰이나 서북청년단 등의 우익단체에 한번 잡혀가서 그 기록이 남아 있던 사람, 산으로 도피했다가 자수한 귀순자 그리고 무고한 양민들이 예비검속이라는 명분으로 다시 체포되어 참혹하게 죽어갔다.

예비검속에 의한 제주의 희생자만 3천여 명이다. 전국 각지의 형무소에 수감되어 있던 4·3 관련자들이 즉결 처형을 당하고, 제주도에서도 1천여 명이 넘는 사람들이 서귀포와 제주항 앞바다, 제주읍 비행장, 송악산 등지에서 집단으로 수장되거나 총살 후 암매장됐다.

예비검속자 학살은 극도로 비밀리에 수행됐다. 당시 국민방위군으로 제주항 부두 파견 헌병대에서 경비 근무를 했던 장시용은 다음과 같이 증언하고 있다.

* 국민보도연맹은 1949년 4월 좌익 전향자를 계몽·지도하기 위해 만들어진 관변단체였다. 한국전쟁 발발 후 1950년 6월 말부터 9월경까지 전국적으로 수십만 명 이상의 국민보도연맹원이 군과 경찰에 의해 살해되었다.

밤 9시경에 50명씩 태운 차 10대가 부두에 도착하여 알몸 차림의 500여 명 사람들을 배에 태우고 바다로 나갔다. 두 시간 정도 지나서 돌아올 때는 빈 배였다.

수백 명의 수감자가 트럭에 실려 현 제주국제공항이 들어서 있는 '정드르'에서 총살된 후 집단 암매장되었다. 모슬포경찰서 예비검속자들은 모슬포 절간고구마 창고와 한림지서 관할 어업조합 창고에 수감되어 있었다. 두 수용소에 수감되었던 사람들은 1950년 8월 20일 새벽에 송악산 '섯알오름'에서 총살되었다. 그날은 견우와 직녀가 만난다는 칠월칠석날이었다.

백조일손지지

　세상에 비밀은 없었다. 국무회의에서 대통령 유시사항으로 "경찰의 예비검속은 공표하지 말라."고 할 정도로 정부는 보안 유지에 철저를 기했지만 하늘이 이를 허락하지 않았다.
　1950년 8월 20일 아침 7시경, 상모리에 사는 청년 이경익, 정용삼은 바다로 고기잡이를 나가는 길이었다. 마침 소에게 풀을 먹이던 유계돌 노인의 귀띔으로 학살 현장을 목격하게 된다. 그 길로 정용삼은 유족들에게 비보를 전했고 아침 8시경 약 300명 유족이 현장으로 모여들었다. 이경익의 주도로 27구의 시신을 간신히 수습했다.
　아침 9시경, 방첩대 소속 군인들이 공포탄을 쏘며 출동하더니 시신 발굴 작업을 저지했다. 군인들은 이미 수습한 시신들을 깊은 웅덩이에 다시 내려놓도록 위협했고, 무장한 군인들이 경계를 서며 주민들의 접근을 막았다. 그리고 학살현장을 민간인 출입금지구역으로 묶어버렸다. 출입금지는 이후 7년 동안 계속됐다.
　1956년 3월 30일, 한림지역 유족들은 총살 현장에서 비밀리에 시신을 수습했다. 한림지역 유족들은 수습해온 시신 61구를 한림면 금악리 2754번지 속칭 '만벵듸 공동장지'에 안장했다.
　1956년 5월 18일, 모슬포 절간고구마 창고 수감 희생자 유가족들도 끈질긴 청원 끝에 당국의 허가를 받아 149구의 시신을 수습할 수 있었다. 그중 132위를 상모리 586-1번지 묘지에 안장했다. '백조일손지지(百祖一孫之地)'다.

　　　조상이 다른 1백 서른 두 명이 죽어
　　　뼈가 엉키어 하나가 되었으니
　　　조상은 일백 서른둘이요 자손은 하나다.

　4·3은 제주사람들을 '죽음으로 엉켜 하나가 된 슬픈 공동운명체'로 만들었다.

보도연맹

　국민보도연맹의 '보도(保導)'는 '보호하여 지도한다'는 의미다. 보도연맹은 남한에서 좌익 활동을 하다가 전향한 사람들을 가입시킨 준국가단체였다. 좌익 경력이 없어도 머릿수를 채우려고 강제로 가입시킨 사람도 많았다.

　　　1. 우리는 대한민국에 충성을 다하자.
　　　2. 우리는 망국적 북한괴뢰 정권을 절대 반대하자.
　　　3. 우리는 인류의 자유와 민족성을 무시하는 공산주의 사상을
　　　　 배격하자.
　　　4. 우리는 이론무장을 강화하여 남북로당의 멸족정책을 분쇄하자.
　　　5. 우리는 민족진영의 각 정당 사회단체와 보조를 일치하여 대한
　　　　 기상을 발휘하자.

　보도연맹의 5대 강령이다. 이승만 정권에 대한 충성맹세였다. 그러나 이승만 정부는 한국전쟁이 터지자 가장 먼저 보도연맹원들부터 학살한다. 한때 빨갱이 사상에 물들어 있었으니 북한군에 동조할 수도 있다는 이유였다.
　한국전쟁 당시 제주에만 2만7천여 명의 보도연맹원이 있었다. 과거 인민위원회 간부, 3·1사건 관련자, 4·3 관련 재판을 받았거나 수형 사실이 있는 사람들이 주요 대상이었다. 그러나 대동청년단 위원장이나 마을 구장 등 군대나 경찰에 우호적인 사람들까지 과거 전력이 있으면 경찰이 강제적으로 가입시켰다.
　공권력의 협박에 못 이겨 강제로 적어 넣은 이름 석 자가 죽음을 허락한 동의서가 되어버렸다.

성산포 터진목

　늘 푸르른 산이라 하여 청산, 해돋이가 아름다워 붙여진 이름 일출봉(日出峯). 멀리서 보면 마치 제주 옆에 붙은 또 하나의 섬처럼 보인다. 5천여 년 전 일출봉은 진짜 섬이었다. 본섬 끝 고성리와 일출봉을 품은 성산리를 가르는 바다가 얕아 물이 빠지면 뭍이 되고, 물이 차면 섬이 됐다. 일제강점기였던 1920년대 일제가 바닷물 드나들던 물길을 메우면서 오롯한 뭍이 됐고, 옛 물길이 있던 자리를 '터진목'이라고 부른다.
　오늘 날 제주를 찾는 여행객들에게는 꼭 들러야 할 관광 1번지지만 성산포 사람들에게 터진목은 끔찍한 한이 맺힌 슬픔의 장소다. 4·3 당시 성산읍에서 467명의 주민이 희생됐는데 터진목에서만 200여 명이 희생됐다.
　성산면 온평마을에 살던 정씨 부인이 토벌대에 잡혀왔다. 일본으로 도망간 남편을 둔 죄였다. 그녀는 곧 출산을 앞둔 만삭의 몸이었고, 이미 진통도 시작된 참이었다. 토벌대는 그런 정씨 부인을 성폭행했다. 빨갱이의 자식을 가졌다며 단검으로 배를 갈랐다. 만삭의 배에서 쏟아져 나온 태아와 엄마는 다른 처형자들과 함께 성산포 터진목에 버려졌다. 그때까지도 정씨 부인은 숨이 붙어 있었다.
　토벌대는 시신도 수습하지 못하게 했다. 무더운 여름철 모래벌에 버려진 시신들 사이로 보라색 '순비기 꽃'이 피어나 죽음의 냄새를 감쌌다. 성산읍 4·3희생자유족회는 2010년 터진목 초입에 희생자 위령비와 함께 467위의 이름을 마을별로 새겨놓았다.

이유도 모른 채 끌려와 저들이 쏘아대는 총탄을 몸으로 막아내며
늙은 어머니를 구해내던 어느 이웃집 아들의 죽음도,
젖먹이 자식만은 품에 꼭꼭 껴안고 처절히 숨져가던
어느 젊은 어미의 한 맺힌 죽음도,
아버지가 아들을 아들이 아버지를,
남편이 아내를 아내가 남편을 피 토하듯 부르다가 눈을 감던 모습도
코흘리개 어린 우리는 기어이 그 모든 것을 보고 말았습니다.
서럽도록 보았습니다.
그리고 미치도록 울었습니다.

청산수산일출봉, 27.3×45.5cm, 제주 보리줄기, 제주흙, 먹물, 아크릴, 2018

꼭 꽃 이파리가 지는 것처럼 보입디다

토벌대는 우리들을 서귀포 정방폭포 입구 위쪽 지하실에 가뒀다. 거기
가서도 어른들을 한 사람씩 불러다 마구 때렸다. 내가 겁먹고 우니까
시끄럽다고 개머리판으로 때려서 왼쪽 눈이 병신이 되었다. 거기
갇힌 지 삼일 째 되던 날 아침에 주먹밥 반쪽을 들고 다른 아이들과
함께 86명의 어른들을 정방폭포 옆에 세우고 죽이는 걸 보라고 하여
지켜보았다. 거리는 약 200미터였다. 나는 똑똑히 봤다. 시체가
정방폭포에 많이 깔려 있었다. 나는 누나 손을 잡고 한없이 울었다. 그
때 내 나이 여덟 살이었다.
— 김복남(1940년생, 동광리 조수궤 피신) 증언 중에서

4·3 당시 정방폭포가 있던 서귀리는 한라산 이남 지방의 중심지였다.
2연대 1대대가 주둔했고 악명 높은 서북청년단의 사무실도 있었다. 1948년
11월부터 1949년 1월까지 정방폭포에서만 248명이 즉결 처형됐다.
   지독히도 잔인한 죽음이었다. 사람들의 손과 손을 굴비 엮듯 묶어 총을
쏘아 죽이거나 죽창으로 찔러 죽인 후 아득한 폭포 아래로 떨어뜨렸다.
당시 그 모습을 지켜봤던 증언자는 그 장면을 이렇게 아프게 기억한다.
"사람들이 팔랑팔랑 떨어지는 것이 꼭 꽃 이파리가 지는 것처럼 보입디다."
   희생자 중 100여 구의 시체는 수습하지 못했다. 파도에 쓸려 가버려 찾을
수 없었기 때문이었다. 인근에서 물질하던 잠녀들은 그 후에도 오랫동안
폭포 앞 해초 사이로 사람의 뼈 같은 게 발견됐다며 울음 섞인 증언을 했다.

정방폭포, 72.7×53.0cm, 제주 보리줄기, 천연염색, 2020.

사라진 마을 곤을동

초토화작전으로 제주의 중산간 마을 137곳이 사라졌다. 곤을마을은 제주의 해안마을 중 초토화작전에 희생된 유일한 마을이다. 마을이 세워지고 700년의 역사를 간직했던 곤을마을. '곤을'이라는 지명은 '물이 항상 고여 있는 땅'을 뜻하며, 그만큼 풍요로운 마을이었음을 말해준다.

마을이 지도에서 사라지기 전까지 60~70여 가구가 밭농사와 바닷일을 생업으로 평화롭게 살고 있었다. 바다밭에서는 화북마을에서 유일하게 멸치를 후렸으며, 땅에서는 보리, 조, 콩, 팥, 메밀, 고구마를 주로 경작했다.

곤을마을에 피의 광풍이 불어닥친 것은 초토화작전이 한창 전개되던 1949년 1월 4일과 5일 양일간. 바람이 사납고 몹시도 추운 날이었다.

오후 서너시쯤 2연대 군인 40여 명이 들이닥쳤다. 집안에서 겁에 질려 떨고 있던 사람들을 끌고나오면서 초가에 불을 질렀다. 그 중 젊은 사람 10여 명을 마을 앞바다에 세워놓고 총살시키고, 나머지 어린아이와 부녀자, 남자 어른, 노인들을 줄로 묶어 인근 지서(지금 화북초등학교 자리)로 끌고갔다. 끔찍한 만행은 이틀 동안 계속 됐다. 중산간마을도 아닌 해안마을을 불태우고 무고한 양민을 학살한 이유가 무엇일까?

그 얼마 전 무장대와 토벌대의 교전이 있었다. 무장대의 습격으로 군인들이 많이 죽었다. 살아남은 군인이 무장대 한 명이 곤을마을 방면으로 도망가는 것을 목격하였다. 곤을마을은 그 순간 '폭도마을'로 낙인 찍혔고 처참한 보복을 당한 것이었다.

하루아침에 마을을 잃고 이웃 마을로 소개를 간 주민들에게 가족과 이웃의 죽음을 말하는 것 자체가 사치였다. 산 사람은 살아야했다. 돌 몇 개 쌓고 그 위에 나무를 얹어 한겨울 칼바람을 피하는 것이 더 절박했다.

그때 제주사람들에게는 하늘이 없었다.

하늘 아래 내 몸 하나 뉘일 집도 없었다.

희망은 그 어디에도 없었다.

사라진 마을 군을동, 53.0×72.7cm, 제주 보리줄기, 천연염색, 2022

영령들 가신 길, 살아남은 자 따라나서다

　야, 이 빨갱이 새끼들아
　지금부터 내 말을 명심해서 잘 들어라
　나는 너희들을 육지 형무소까지 압송할 책임자다
　너희들은 국방경비법 제32조 제33조 위반으로 평생을 감방에서 썩을 것이다
　중간에 대열에서 이탈하거나 수상한 짓을 하면 가차 없이 즉결처분할 것이다
　아니 저 바다에 산 채로 던져버리겠다

그렇게 우리는 죽음의 길로 향하는 배를 타게 되었네
배의 갑판 아래 물칸에 쓰레기처럼 처박혀진 채
구토와 설사와 멀미는 차라리 우리가 아직 살아있다는 증거가 되었네
병들어 죽은 자들은 진짜로 바다에 던져버렸네
생고생을 다한 후에 우리에게 찾아든 건 생죽음이었네
목포형무소 그 높다란 벽 안에 갇혀서야 우리는 우리의 형량을 알 수 있었네
1년 3년 5년 7년 15년 그리고 무기
교도관이 부르는 숫자에 따라 우리의 가슴이 뻥뻥 뚫려 나갔네
1949년 9월 14일 목포형무소 탈주사건이 있을 때
더러는 도망쳐서 지리산으로 숨어들었지만
더 많은 수가 거리에서 형무소 안에서 사살되었네
1950년 한국전쟁이 터진 후에도 우리는 죽은 목숨이었네
더러는 끌려나가 수장되고 더 많은 수가 총살당해 암매장되었네
죽음은 우리의 형량과 상관없이 무작정 찾아온 것이네
살아서 그리운 부모형제 그리운 고향으로 돌아갈 날만을 기다리다
우리는 죽어서도 가 닿지 못하고 이렇게 정처 없이 떠돌고 있다네
되돌아가고 싶다네 가야만 한다네
우리가 끌려온 그 길을 되돌려
그 시간을 되돌려 다시 돌아가고 싶다네
아직도 내 눈에 그리운 고향 식구들의 얼굴이 밟혀 있다네
죽어서도 형량을 다 채우지 못한 것이 아니라면
나 이제 다시 돌아가려네
살아 살아서 살아남은 자들에게 다시 돌아가려네

— 김경훈, 영령들 가신 길, 살아남은 자 따라나서다 중에서

부당하므로 불이행!

　1948년 12월 10일, 군경은 대정읍 하모리 좌익 총책을 검거하고 4·3에 관련된 백여 명의 명단을 압수하였다. 백여 명 모두 처형될 위기에 놓였다. 당시 모슬포경찰서장은 이들에게 자수할 것을 권했고, 자수자들에게 경찰에 협조할 것을 지시했다. 서장은 마을 주민들의 조서를 서북청년단이나 경찰이 아닌 마을서기에게 쓰도록 했다. 이들 전원을 훈방하여 백여 명의 귀중한 생명을 구해주었다.
　1950년 8월 20일 성산포경찰서장에게 해병대 정보참모 해군중령 김두찬의 명령이 하달됐다.
　"예비구속 중인 D급 및 C급에서 총살 미집행자에 대해서 총살집행 후 그 결과를 9월 6일까지 육군본부 정보국 제주지구 CIC 대장에게 보고하도록 이에 의뢰함."
　서장은 '성산포경찰서장 귀하' 옆에 "부당하므로 불이행"이라 쓰고 서명 후 명령을 거부한다. 전쟁 중 군인의 명령불복종은 목숨을 거는 일이다.
　두 번이나 자신의 목숨을 걸고 제주사람들의 억울한 죽음을 막은 이는 제주사람들에게 '문도체비(도깨비)'라는 별칭으로 칭송받던 문형순 서장이었다. 고향이 서북이며 항일독립투쟁가 출신이었던 그는 기운이 장사였고 넘치는 배짱을 가진 멋진 남자였다.
　부당한 명령에 용감하게 '불이행'으로 대응했던 문형순은 백성을 지킬 줄 아는 진정한 경찰이었다. 2018년 그의 흉상이 제주경찰청 마당에 세워졌다.

부당하므로 붙이행!, 116.8×80.3cm, 제주 보리티줄기, 천연염색, 제주옻, 안료, 2021

'귀신 잡는 해병대'의 전설

 1949년 4월 15일 창설된 대한민국 해병대는 당시 총 병력이 1천여 명에 불과했다. 그러다 3천여 명의 제주도민들이 해병대 3기와 4기로 자원입대하면서 군대의 면모를 갖추게 된다. 이들은 한국전쟁 발발 후 인천상륙작전과 서울 탈환 등 30여 개의 전투에서 목숨 바쳐 눈부신 활약을 한다.
 제주해병대 4기 중에는 여자 126명이 있었다. 그녀들은 대한민국 최초의 여군으로 기록됐다. 그중에는 중학교 2학년 열다섯 어린 소녀도 있었다. 제주의 청년들에게 전쟁터는 고향마을보다 안전한 곳이었다.
 전쟁중에도 4·3은 끝나지 않았고 억울한 죽음 역시 계속됐다. 어쩌다 살아남아도 '연좌제'의 고통이 기다리고 있을 뿐이었다. 빨갱이 딱지를 떼는 가장 빠른 지름길은 목숨 걸고 빨갱이와 싸워 이기는 것이었다. 행여 죽더라도 남은 가족을 살릴 수 있는 '꽃길'이었다.
 이승만은 제주청년들을 향해 '무적해병(無敵海兵)'이라는 글귀를 써주며 '귀신 잡는 해병'이라고 격찬했다.

'귀신 잡는 해병대'의 전설, 80.3×116.8cm, 제주 보리줄기, 천연염색, 2021

까마귀도 모르는 제사

빨갱이라는 낙인의 대물림, 연좌제

　피바람 몰아치는 광풍 속에서 살아남은 건 '천운'이었다. 하지만 그 천운이 원망스러울만큼의 고통이 기다리고 있었다.
　연좌제. 한번 죄인은 영원한 죄인이라는 낙인. 죄인의 자식 그리고 그 자식의 자식에게까지 대물림 되는, 봉건시대에나 있을 법한 참으로 몹쓸 악법.
　4·3에 연루된 죽은 이들, 또 관련해 수감되었다가 돌아온 이들 모두에게는 '딱지'가 붙었다. 빨갱이라서 죽었고, 빨갱이라서 형을 받은 것이다. 수감됐다 돌아온 이들에게는 '보안감찰, 요시찰 대상'이라는 강력한 '딱지'가 내내 따라다녔다. 그리고 이 '딱지'는 꼬리표가 되어 후손들에게 대물림되었다. 연좌제에 발목이 잡혀 많은 것을 포기해야 했다. 공무원이나 경찰이 될 수 없었고, 사관학교나 군 장교로 갈 기회도 주지 않았으며, 어쩌다 직장을 간다 해도 진급에서 늘 제외당해야 했다. 웬만해서는 여권도 만들어주지 않으니 대한민국 밖으로 나갈 수도 없었다. 제주 출신으로 일본으로 건너가 소설을 쓴 《화산도》의 작가 김석범 선생은 이를 두고 '기억의 타살'이라고 말했다.
　사람들은 입을 닫기 시작했다. 어쩌다 후손들이 물어도 침묵했다. 본인들의 입만 닫은 게 아니라 후손들도 입을 닫게 했다.
　"속솜허라." 아무 말도 하지 마라!
　이를 두고 현기영 작가는 '기억의 자살'이라고 불렀다.

'순이삼촌' 현기영의 고백

반세기 전 내 고향 제주를 가공할 재앙불로 초토화시킨 4·3의
대참사는 나의 뇌리에 지금도 지워지지 않은 상흔을 남겼다. 칠성통
입구에, 관덕정 마당에 목 잘린 입산자의 머리통들이 뒹굴고, 생포된
입산자들이 군중 앞에서 습격 몇 번, 방화 몇 번, 도로 차단 몇 번,
시키는 대로 죄목을 복창하고는 트럭에 실려 형장으로 가는 것도
보았다.
   내 몸을 얽어맨 채 좀처럼 떠나지 않던 우울증과 지금의
이 나이에도 이따금씩 찾아오곤 하는 실어증은 그 참혹한 유년에서
기인한 것이 틀림없다. 내가 술을 좋아하게 된 것도, 그래서 오랫동안
빼도 박도 못할 모주꾼이 되어 비틀거린 것도 아마 그 때문이었을
것이다. 제주도민의 대다수가 앓고 있는 집단 콤플렉스인 4·3은 나의
내면 정서의 억압이기도 했으므로 그 억압을 풀어주지 않으면 안
되었다.

합수사(합동수사본부) 지하실에서 나는 한 마리의 똥개나 다름없었다.
온몸을 잉크빛으로 검푸르게 멍들게 한 그 가혹한 매질을 생각하면
나는 지금도 놀란 새처럼 가슴이 조마조마해진다. 만약 그 모진
매질의 고문이 없었다면, 아마도 나는 곧 경쾌하게 4·3 소재를 떠나
순수문학의 지경으로 넘어갔을 것이다.
온몸의 근육 세포들이 아직도 소름 끼치게 기억하고 있는 그 무서운
고통, 그 잉크빛 피멍은 보름 만에 사라졌지만, 정신적 상처는 지금도
생생히 살아있어 나를 계속 피해의식의 늪 속에 가두어놓으려고 한다.

〈순이삼촌〉의 저자 현기영 작가의 고백이다. 그는 4·3을 겪을 당시
일고여덟 살 정도였다고 한다. 수많은 현기영이 그 악몽의 현장,
가위눌림의 세월을 견디고 있는 곳, 고향 제주는 작가에게 그런 곳이었다.
그에게는 고향 제주가 평생 극복할 수 없는 정신적 고통이었다.

외상후 스트레스 장애

세계 각국의 '분쟁 후 사회 연구결과'에 의하면 전쟁이나 테러 등 극단적인 폭력으로 생긴 정신적 충격은 쉽게 사라지기는커녕 오래 지속되며, '완전한 극복을 위해서는 100년(5세대)의 시간이 걸릴 수도 있다'고 한다.

정신적 충격도 암처럼 전이가 되고 유전이 된다. 정신적 충격이 제대로 치유되지 못한 성인에 의해 길러지는 아이들은 부모와 같은 심리적 증상들을 겪으며 우울, 불안, 사회적 공포증, 약물남용 등과 같은 장애를 겪을 가능성이 높다.

배고픔의 기억이 정신적 충격이 되어 평생 먹을 것만 보면 숨겨두고 쟁여두는 버릇이 생겼다는 할아버지… 동지섣달 홑저고리를 뚫고 들어와 살갗을 찢어대던 칼바람의 기억이 온 몸에 알알이 박혀 한평생 오뉴월에도 겨울내복을 입고 산다는 할머니… 하루 종일 귀에서 호루라기 소리가 들려 신경안정제 없이는 살 수 없고 수면제 없이는 잠들지 못한다는 사람들!

70여 년이 지난 지금까지 고통의 기억에 갇혀 있는 이들에게는 4·3은 아직도 끝난 게 아니었다. 고통으로 가득 찬 기억의 실타래는 70년 세월도 풀어낼 수 없을 만큼 견고하고 질겼다.

2015년 제주도는 도내 4·3 생존 희생자 110명과 유가족 1,011명을 대상으로 정신건강 실태조사를 진행했다. 생존 희생자 중 39.1%는 심각한 외상후 스트레스 장애 증상을 호소하는 고위험군이었다. 외상후 스트레스 장애는 끔찍한 사건을 경험한 후 그 공포감에서 벗어나지 못하고 계속해서 그 시간, 그 자리에 머물며 고통스러워하는 정신적 질환이다.

외상후 스트레스 장애는 그 정도가 심각할수록 삶의 만족도와 질이 낮아지는 경향을 보인다. 4·3 생존 희생자 중 41.8%는 전문가 상담이 필요한 중증도 우울 상태였고, 유가족의 경우는 20.4%로 5명 중 1명꼴이었다.

무서워서 억울하다는 생각도 못했다

이름: 박화춘
거주지: 제주도 서귀포시 강정동
나이: 2022년 96세
생존유무(有無): 생존

    1948년 12월, 불법 군법회의에서 형을 선고받고 억울하게 '죄인'이 되어 육지 형무소로 끌려갔다 살아 돌아온 4·3 생존 수형인 할머니의 인적사항이다.
    4·3 당시 서귀포 중문면 강정 월산마을에 살던 어르신은 마을 사람들이 어디론가 끌려가자 집이 아닌 밭에서 숨어 살았다. 어머니가 해다주는 밥을 먹으며 며칠 살다가 지금은 기억이 잘 나지 않는 누군가를 따라 산으로 숨어들게 됐다. 산에 숨어 살다 집안 제사를 지내러 집으로 가던 길에 군경에 붙잡혔다. 호근리로 끌려간 어르신은 리사무소에 있다가 서귀포경찰서로 옮겨졌고, 거기서 며칠을 머문 뒤 차에 태워져 다시 제주시로 옮겨졌다.
    어르신의 죄는 제주시에서 만들어졌다. 붙잡힐 때는 죄목을 듣지 못했다. 거꾸로 매달린 채 모진 고문이 계속됐다. 다른 여인이 품고 있던 갓난아기가 죽자 쓰레기통에 버려지는 모습을 보았다. 공포가 밀려들었다. 어르신은 결국 거짓자백을 했다. 무장대에 '보리쌀 두 되'를 줬다고···.
    어르신은 곧 군법회의에 회부됐고, '내란죄'로 징역 1년형을 선고받았다. 보리쌀 두 되가 징역 1년이었다. 그래도 살아남은 것이 다행이었다. 목포를 거쳐 전주형무소에서 8개월을 보낸 뒤 서울 서대문형무소로 끌려갔다. 다행히 목숨을 부지할 수 있었고 모범 수형인으로 60일이 감면돼 집으로 돌아올 수 있었다.

4·3 당시 억울한 사연이 어디 박화춘 어르신뿐일까? 74년이 지난 지금 박화춘 어르신이 화제가 된 이유는 74년이 지나서야 그 사실을 세상에 털어놓았기 때문이었다.
이제까지 말 못한 이유를 묻자 가슴 아픈 답변이 돌아왔다.

그런 말을 누구한테 하겠나. 아기들(자식들) 피해 입을까봐 이야기 못하지. 무서워서 억울한 것도 생각 못했다. 그냥 사람들 마주치지 않는 외딴 길로만 다니고 싶었다.

서천꽃밭, 97.0×162.2cm, 제주 보리짚기, 천연염색, 안료, 유화, 2021

이름 없는 죽음들

 2021년 6월까지 제주도에 신고된 4·3 희생자는 14,533명. 이중 9살 이하는 818명, 10살에서 19살 이하가 2,535명이다. 전체 희생자의 23%인 3,353명이 아동, 청소년이다. 3살까지의 영아도 300여 명이나 된다.
 이는 유가족이 직접 신고한 숫자다. 4·3의 혼란 속에 미처 호적에 올리지 못한 채 희생되거나 온 가족이 몰살당해 희생자 신고조차 못하는 경우까지 감안하면 실제 규모는 더 클 것이다.
 희생자 10명 가운데 1명이 어린아이들이었다. 동네마다 애기무덤이 늘어갔다.
 4·3에서 젊은이들의 희생이 가장 컸다. 20~30대 도망자가 많았고, 부모가 젊으니 자식들도 어렸다. 부모 등에 업혀 도망치다, 부모와 함께 숨어 있다, 부모가 죽창에 찔리면 아이도 죽창에 찔리고, 부모가 총에 맞으면 아이들도 총에 맞았다.
 그래서 아주 어린 아기들은 일부러 집에 두고 피난을 나오기도 했다. 갓난아기 울음소리에 토벌대에게 들킬까, 너무 어리니 혹시 토벌대가 살려주지 않을까…. 하지만 토벌대는 아기라고 넘어가지 않았다. 희생된 이들 중에는 토벌대가 불을 지른 집에서 죽어간 아기들도 많았다.

1949년 2월 20일 도두리에서 76명의 반도들이 민보단에 의해 죽창에
찔려 죽었다. 사망자들 중에는 5명의 여인과 중학생 정도 나이의
수많은 어린이들이 포함돼 있었다.
—미군 사령부 G-2 일일보고서 중에서

훗날 한 가족은 4·3에 희생된 어린 조상들의 묘를 파 어른들의 곁으로
이장했다. 어린 조상의 뼈는 모두 다 녹아 흔적도 없었다고 했다. 이름조차
갖지 못한 서러운 어린 영혼들은 뼈 한 조각의 흔적조차 남기지 못했다.
　죽음의 한복판에서 부모는 부모의 역할을 할 수가 없었다. 어쩌다
살아남은 부모에게 살아있음은 죄가 됐다. 헤어날 수 없는 죄책감은
대못이 되어 평생 가슴을 찔러댔다.

그 겨울 눈길

　유난히 추웠던 그 겨울, 마을이 불태워지고 사람들이 죽어가던 지옥에서 살아남은 젊은 어미는 젖먹이를 등에 업은 채 살을 에는 칼바람 속을 걷고 또 걸었다.
　앞도 안 보이는 눈바람 속을 걸어 그녀는 어디로 가려 했을까?
　살기 위해 한라산 할망신(할머니신) 품으로 숨어 들었던 애기아방(아빠)은 이미 저 세상 사람이 됐고, 고개 너머 친정집도 토벌대가 불태워 사라져버렸다. 하늘 밑 어디에도 작은 몸 하나 의탁할 곳이 없었을 텐데, 그녀는 어디로 가려 했던 것일까….
　아마도 살기 위해서 그저 걷고 또 걸었으리라.
　추운 겨울이 지나가고 봄 햇살에 눈 녹아내린 오름 어귀에
　어린 자식을 품은 젊은 어미가 누워 있었다.
　무섭고 고달픈 이승살이에 미련이 없다는 듯
　곱고 평온한 모습으로….

비 설, 80.3×116.8cm, 제주 보리줄기, 천연염색, 2021

잠녀 양씨 삼춘

　1916년 제주도 동복리 출생 양씨 삼춘. 골막에서 '애기물질'하다 상군잠녀(潛女)가 됐다. 결혼하고는 예쁜 딸도 낳았다.
　4·3 생지옥 제주를 떠나 일본으로 밀항 가면서 울면 발각될까 세 살배기 딸과 생이별을 했다.
　돈 많이 벌어 돌아가리라 굳은 다짐 끝에 도착한 오사카. 하지만 기나 긴 이별. 어린 딸은 고아원에서 자라야 했다.
　오사카에서 조총련계 남편과 재혼하면서 조선 국적자가 됐다. 고향 제주로 돌아올 수 없었다. 일본에서 낳은 세 아들은 북송사업에 떠밀려 북으로 갔다.
　제주에서 낳은 딸은 4·3 때문에
　일본에서 낳은 세 아들은 분단국가의 비극 때문에
　자식과의 생이별이 팔자가 된 슬픈 어미.
　죽는 날까지 그녀의 소원은 오직 하나뿐이었다.
　한반도 평화통일!
　슬픈 어미의 소원은 끝내 이루어지지 않았다.
　슬픈 어미가 세상을 떠나고 많은 시간이 흘렀지만
　아직도 통일은 멀기만 하다.
　한반도는 여전히 둘로 나뉜,
　오가는 것도 허용되지 않는 가장 꽉 막힌 분단국가다.

잠녀 양씨 삼춘, 80.3×116.8cm, 제주 보리줄기, 천 연 염색, 2022

대마도 표류희생자 공양탑

　1950년 즈음, 일본 대마도 해안가 곳곳에 수백 구의 시체가 떠밀려왔다. 어떤 시체는 손목과 발목이 철사나 끈으로 묶여 있었다.
　최초 발견자는 당시 20대 청년이던 에토 히루카(2007년 작고). 히루카는 경찰에 신고했지만 숫자가 너무 많아 주민들의 도움이 필요했다. 하지만 주민들은 무서움에 선뜻 나서지 않았고 히루카는 친구 5명을 설득해 시체 수습에 나섰다.
　처음 200여 구는 화장을 했지만 나중에는 너무 많은 시체가 밀려와 그냥 땅에 묻어야 했다. 일부 시체는 조류를 타고 흘러가도록 놔둘 수밖에 없었다. 제주 바다에서 수장당한 4·3 희생자들의 시신이 해류를 타고 일본 대마도 북쪽 해안까지 떠밀려간 것이었다.
　훗날 에토 히카루는 아들 에토 유키하루에게 그 이야기를 들려주었다. 2007년 5월, 아들은 아버지가 세상을 떠난 후 아버지의 뜻을 받들어 대마도 북쪽 사고 만(佐護湾) 지역에 희생자 공양탑을 세운다. 제주에서부터 떠내려온 시신을 매장한 지역이다. 에토 유키하루는 그 뒤로도 가족과 함께 계속 공양탑을 찾아 영령들을 추모해왔다.

영혼들의 빈집, 헛묘

  4·3평화공원 내 '행방불명인 묘역'은 말 그대로 4·3 당시 사라진 이들을 위한 공간이다.
  죽었는지, 죽었다면 언제 어디에서 죽었는지, 살았다면 어느 하늘 아래에서 숨을 쉬고 있는지, 75년 째 아무리 기다려도 소식이 없는 3,976명을 위해 마련한 빈 집.
  죽은 것도 산 것도 아닌 사람들을 위해 마련된 '헛묘'다.
  죽은이의 시신이나 유골 없이 만들어진 무덤 헛묘. 4·3 이후 제주에는 '헛묘'가 많아졌다. 억울하게 죽은 것도 원통한데 끝내 시신조차 찾을 수 없어, 죽은 이를 위한 옷 한 벌과 이름 석 자 적어넣고 집 잘 찾아오라며 죽은 이의 혼을 불러 만들었다.
  혹시 누가 알게 되면 빨갱이 집안, 빨갱이 자식이라 손가락질 할까, 그마저도 소리 소문 없이 해야 했다.
  죽은 날을 알 수 없으니 죽은 이의 생일날에
  헛묘 앞에 술 한 잔 따라놓고
  그저 속으로만 꺼이꺼이.

마무를 티는 잎어도 극락왕생 하시건, 45.0×45.0cm, 제주 보리줄기, 제주흙, 아크릴, 2020

진혼무

간절히 청하오니
4·3 영령들이시여!
어둠 속 동굴 밖으로
밝은 빛 머무는 곳으로 오소서.
차디 찬 땅 속에서 원통하다 통곡 마시고
깊은 한 이제는 풀어내소서.
죽어서도 고향 땅 밟지 못한 가여운 이들이여!
설운 눈물 밟고 어디서든 사뿐히 오소서.

그날의 진실 우리가 알고 있으니
한 자락 바람 되어 한라산 굽이 돌고
섬 자락 쓰다듬는 제주 바다 파도 되어
이제는 높이 높이
자유롭게 날아오르소서.

진혼무, 116.8×80.3cm, 제주 보리줄기, 천연염색, 2021

제주이야기 1: 내 자식이 아니고 고기밥

섬에서 나고 자란 제주섬 남자들은 조선술과 항해술이 뛰어났다.
오래전부터 나라는 그들을 가만두지 않았다. 제주 남자들은 선박 제조와
운송 업무에 강제 동원됐다. 그 뿐만 아니라 제주섬 주변을 오가는
선박들에 대한 정보를 수집하고 조정에 보고하는 임무까지 떠맡았다.
하지만 고기잡이를 위한 배짓기와 항해는 국법으로 엄격히 금지시켰다.
 고려가 원나라와의 전쟁에서 패하자 말을 관리하는 몽골인 목호(牧胡,
하치)와 몽골 군사 1천5백여 명이 제주로 왔고, 제주는 그후 백여 년간
몽골의 식민지였다.
 몽골이 물러가자 나라에서는 제주섬에 국마장과 목축장을 설치했다.
제주 남자들은 16세에서 60세까지 의무적으로 '몰테우리(목자)'로 살아야
했다. 어쩌다 말이 죽기라도 하면 변상은 가난한 몰테우리의 몫이었다.
집과 밭, 소나 가재도구, 농기구도 모자라 심지어는 처자식까지 팔아야
했다. 여러 마리를 변상할 경우에는 목자의 친족들에게 대신 변상토록
했다.
 제주남자들은 진상물을 실어 나르는 배를 운항하고 그후에는 끌려가
고된 부역에 시달렸다. 가는 도중 풍파를 만나 배가 침몰하면서 목숨을
잃는 경우도 허다했다. 고기밥이 되는 일이 잦다보니 언제부턴가
제주사람들은 아들을 낳아도 기뻐할 수 없었다. 그들은 이런 말로 신세를
한탄했다.
 "이 아이는 내 자식이 아니고 고기밥이다."

제주이야기 2: 백성이 아니었다

제주의 수탈역사는 길고 처참했다.

감귤은 이미 탐라국 시절부터 백제와 신라에 공물로 진상됐다. 조선시대 한양에서는 감귤이 진상되면 종묘에 제사부터 지냈다. 귤이 대궐에 들어온 것을 축하하기 위해 성균관에서는 '황감제'라는 특별과거를 실시하고 유생들에게 감귤을 나눠주었다.

그래서 감귤나무 관리도 유별났다. 귤나무에 열매가 맺히면 집집마다 관리들이 찾아가 열매에 일일이 표시를 해두었고, 열매가 떨어지면 주인에게 책임을 물었다. 감귤을 한양으로 진상하기 위해 배를 탄 많은 남자들이 바다에서 죽었다. 오죽하면 제주사람들은 감귤나무 때문에 시달리는 것을 참다참다 나무에 펄펄 끓는 물을 부어 말려 죽이기까지 했다.

제주 전복의 소문을 들은 중국 황제는 제주전복을 공물로 요구했다. 성종 때 중국에 보낸 공물에는 마른 전복 500묶음이 포함됐다.

제주 말도 수탈의 대상이었다. 어찌나 남김없이 수탈하였는지 번식을 위한 종마(씨말)까지 잃을 지경이었다. 어쩔 도리가 없던 제주사람들은 멀쩡한 말의 눈에 상처를 내고 가죽과 귀를 찢어 진상 물품에서 빼돌려야 했다.

임진왜란과 전염병이 겹치며 제주 백성 3분의 2가 죽었지만 수탈은 줄어들지 않았다. 견디다 못한 사람들은 섬을 떠나거나 거친 바다 위를 떠돌며 해적으로 살았다.

조선 조정은 제주섬에 출륙금지령을 내렸다. 1629년부터 장장 200년 동안 국가의 허락 없이는 제주사람 누구도 섬 밖으로 나갈 수 없었다. 제주여성과 육지남성의 혼인도 금지됐다.

제주는 닫힌 섬이었다.

제주이야기 3: 제주 여자들을 강하게 만든 건 국가였다

왜적의 잦은 침입과 국가의 수탈로 제주의 남자들이 자꾸만 죽어갔다. 그 자리를 제주의 여인들이 채워야 했다.

미역이나 전복 등 진상되는 모든 해산물은 원래 남자들의 일이었다. 남자들이 부역을 치르는 동안에도 국가에서 요구하는 진상물을 바쳐야 했다. 어쩔 수 없이 여자들이 해산물 채취를 위해 바다 속으로 들어갔다. 세계 일등 제주잠녀가 탄생하게 된 슬픈 이유다.

사대부 남성들이 사용하는 모자(망건과 탕건)를 제주의 말총으로 만들어 진상하는 일도 여성들의 몫이었다.

군복무를 해야 할 남자가 병을 앓거나 변고가 생기면 그 집안의 젊고 튼튼한 여자를 골라서 남자 대신 군역을 지게 했다. 이들 제주도의 여성군인을 여정(女丁)이라 불렀다. 다른 지방에서는 찾아볼 수 없는 징발제도였다. 1600년대 초기에는 제주 여정의 수가 남정(男丁)의 수를 웃돌았다. 조선 중기 문신인 김상헌의 제주 여행일기《남사록》에는 '당시 남정의 수는 500명이지만 여정의 수는 800명'이라고 기록돼 있다.

밭일, 바다일, 집안일 말고도 군역마저 짊어져야 했던 제주의 여자들은 살기 위해 강해질 수밖에 없었다. 제주 여자들의 강인함은 숙명이요, 질곡과 수난의 상징이었다.

소녀 해 병대, 80.3×116.8cm, 제주 보리줄기, 천 염색, 2022

제주이야기 4: 제주의 힘, 제주공동체

척박한 자연환경과 끊이지 않는 외부의 침입! 제주사람들은 이 모든 어려움을 공동체정신으로 이겨냈다.

제주사람들은 오랜 옛날부터 공동목장, 공동어장, 공동캐왓, 공동샘물을 운영했다. 큰 부자도 드물었지만 매우 가난한 사람도 드물었다. 가진 자와 못 가진 자의 차별 역시 덜해 대체로 평등한 삶을 살았다. 남녀차별도 덜했고, 조선의 유교적인 남성 중심, 장남 중심의 문화도 비교적 덜했다. 독특한 생활방식은 궨당과 수눌음, 삼무(三無)와 같은 제주만의 풍속과 문화를 만들어냈다.

제주사람들은 조금만 안면이 있어도 "사돈에 팔촌으로 걸린 궨당"이라는 말을 즐겨 했고, "마을 내에 매놈(완전한 남)이 없다"고 했다. 같은 마을이나 가까운 이웃 마을과의 혼인이 중심이 되다 보니 굳이 따져보지 않아도 모두가 친척이라는 의미다. 제주사람들은 혈연 중심의 공동체를 넘어서 훨씬 느슨한 형태의 생존공동체를 이루고 살았다.

힘든 일이나 큰일이 생기면 서로 나서서 자기 집안일처럼 돕는 수눌음을 했다. 함께 공동노동을 했고, 제사나 명절 때에는 집집마다 돌아다니며 '반태움(음식 나눔)'을 했다.

바다 건너 뭍의 두레가 마을 구성원에게 부여된 의무였다면, 제주의 수눌음은 알아서 스스로 동참하는 당연한 일이었다. 수눌음은 노동력을 나누었을 뿐 아니라, 상여계, 목장계, 잠수계 등 다양한 계를 통해 경제적 상생을 이루기도 했다. 제주 섬사람들 스스로 만들어낸 합리적인 생존방식이었다.

예부터 제주를 도둑과 거지, 대문이 없어 삼무라 했다. 도둑이 없다는 것은 남의 것을 탐하지 않는다는 의미요, 거지가 없다는 것은 부지런하고 자립적인 생활양식을 뜻하며, 대문이 없다는 것은 이웃을 신뢰하며 평화롭게 살고 있다는 증거였다.

7년 7개월이나 계속된 4·3이 끝나고 폐허가 된 제주섬을 오늘날의 모습으로 다시 재건할 수 있었던 것도 제주사람이면 누구나 함께라는 궨당 공동체정신의 힘이 아니었을까….

올레, 원형지름 40cm, 제주 보리줄기, 한지, 2022

항쟁의 지도

　제주 4·3항쟁 희생자 3만~9만여 명. 여순 10·19항쟁 희생자 1만1천여 명. 하지만 이땅 곳곳에는 아직 알려지지 않은 제2, 제3의 제주와 여수·순천이 존재한다.
　제주 4·3과 여순항쟁은 단순한 역사의 상처가 아니다. 이승만 초대 국회의장이 스스로 공포한, 대한민국 헌법에 보장된 민주주의의 소중한 권리이며 가장 기본적 의무인 저항에서 비롯된 항쟁이었다.
　위협으로 숨겨온 역사, 강요된 침묵으로 덮어버린 진실들. 더 늦기 전에 이제라도 세상에 꺼내어 진상을 밝히고 정당한 역사로 만들어야 한다.
　그것은 항쟁의 희생 위에 만들어진 오늘을 살아가는 우리들의 몫이다.

항생이 지도, 91.0×116.8cm, 제주 보리줄기, 아크릴, 안료, 먹물, 2022

무엇을 위해 싸웠나

살아남은 이들은 이렇게 말한다.
"총에 맞아 죽었으면 산사람이고 죽창에 찔려 죽었으면 토벌대인 줄 알았다."
변변한 무기조차 없이 대나무 죽창 하나에 목숨을 맡긴 채 무엇을 위해 싸웠던 것일까?
누군가는 이념을 위해 싸웠고, 누군가는 신념을 지키기 위해 싸웠다.
누군가는 이승만 타도를 외쳤고, 누군가는 조국통일을 외쳤다.
하지만 보통 사람들은 살기 위해서 싸웠다. 나라가 반토막 나는 것을 반대하고 통일을 외친 이유로 빨갱이로 몰려 억울하게 개죽음을 당할 수 없어 죽기를 각오하고 싸웠다.

대통령의 사과

김대중 대통령 시절이던 2001년 1월, 4·3 이후 최초로「제주4·3사건 진상규명 및 희생자 명예회복에 관한 특별법」이 제정, 공포됐다.
그리고 2003년 10월 31일, 노무현대통령이 제주도민들에게 4·3에 대해 정부 차원의 공식사과를 했다. 대한민국 국가원수로서 최초의 사과였다. 3년 후인 2006년 4월 3일, 역시 대한민국 대통령으로서는 처음으로 4·3 위령제에 참석했다.
얼어붙은 제주도민들의 마음에 한자락 봄 햇살이 비추기 시작했다.

대통령 사과, 97.0×162.2cm, 제주 보리줄기, 천연염색, 2021

아이고 소망 이뤄쪄(드디어 소원 풀었다)

　최초의 4·3특별법이 만들어진 이후 총 6차례에 걸쳐 4·3희생자 및 유족 신고 접수가 진행됐다. 그 결과 2020년 말까지 희생자 14,533명, 유족 80,452명, 총 94,985명의 4·3희생자 및 유족들이 심의, 결정됐다. 하지만 '불완전한 특별법'이라는 평가가 계속 제기됐고 '완전한 특별법'을 위한 노력이 계속됐다. 그리고 2021년 2월 26일, 드디어 '4·3특별법 전부 개정안'이 국회를 통과했다. 이를 통해 4·3 전개 과정에서 빚어진 인명 피해 등에 대해 국가 차원의 피해보상을 할 수 있는 근거가 최초로 마련되고, 영문도 모른 채 군경에 끌려가 억울한 옥살이를 했던 4·3 수형인들이 명예를 회복할 수 있게 됐다.
　'4·3특별법 전부 개정안'은 진실과 마주함으로써 진정한 화해와 상생으로 가는 또 하나의 길이다.

아이고 소망 이뤄져, 80.3×116.8cm, 제주 버리줄기, 천연염색, 한포, 2021

死·삶*

1894년 1월 10일 동학농민혁명
1919년 5월 3일 신흥무관학교 개교
1919년 11월 조선의열단 창단
1940년 9월 17일 한국광복군 창설
1942년 7월 10일 조선의용군 창군
1945년 8월 15일 일본의 식민지에서 해방
1946년 10월 10일 대구 10월 항쟁
1947년 3월 1일 3·1 28주년 제주 집회(4·3항쟁의 도화선)
1948년 4월 3일 오름 봉화(死삶)
1948년 10월 19일 여수·순천항쟁
1960년 4월 19일 4·19혁명
1970년 11월 13일 전태일 열사 분신
1980년 5월 18일 광주항쟁
1987년 6월 10일 6월항쟁
1989년 5월 10일 제주4·3연구소 설립
1997년 4월 1일 제주 4·3 제50주년 범국민위 출범
1999년 12월 16일 제주4·3사건 진상규명 및 희생자 명예회복에 관한
특별법 여야합의로 국회통과
2000년 1월 11일 4·3특별법 공포 서명
2002년 2월 4일 노무현 예비후보 백조일손묘 방문 및 헌화
2003년 10월 15일 제주4·3사건진상보고서 채택
2003년 10월 31일 노무현 대통령 4·3 국가폭력 사과
2006년 4월 3일 노무현 대통령 제58주년 4·3 위령제 참석
2017년 3월 1일 제주 4·3 제70주년 기념사업위원회 출범

* 여기 소개되는 사건과 날짜들은 국민의 권리회복을 위해 싸웠던 주요 항쟁의
날짜들이며, 또한 제주 4·3의 진실이 사회적으로 인정되고 국가폭력에 대한 사과와
보상이 이루어지는 과정에서 의미 있는 순간들을 담은 것이다. 다음 장의 〈死·삶〉
연작은 민중가요 〈어머니〉의 악보에 음표 대신 이 장의 역사적 날짜들을 올린
작업이다.

2017년 3월 24일 제주 4·3 제70주년 범국민위원회 결성 대표자회의
2018년 4월 3일 광화문광장 분향소 설치 및 추념식, 문재인 대통령 제주 추념식 참석
2018년 11월 16일 일본 오사카에서 〈대한민국 대통령이 말하는 4·3의 진실기록전〉 개최
2019년 1월 17일 사법부, 4·3 당시 군사재판 공소기각
2019년 4월 3일 경찰청장 및 국방부차관 광화문광장 분향소 참석 및 사과
2020년 4월 3일 제72주년 추념식 문재인 대통령 참석
2020년 5월 11일 〈제주불교 동백으로 화현하다〉 전시 개막 및 한국기독교협의회 '통회' 사과
2020년 12월 7일 사법부, 4·3 당시 일반재판 수형인 무죄선고
2021년 2월 26일 제주4·3특별법 전부개정(안) 국회통과

오랜 기다림 끝에 찾아온 새봄
따스한 봄 햇살 속에 희망의 꽃들이 만발하기를….

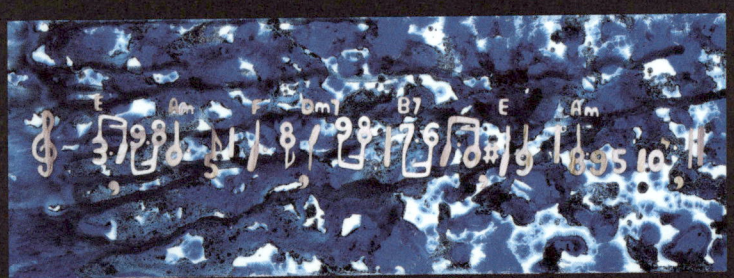

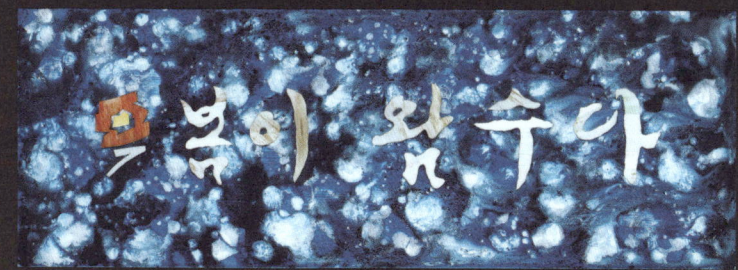

백비

원치 않은 세상에 나와 이리 치이고 저리 치이고
온갖 풍파 겪다보니 어느덧 75년이 흘렀소.
무고한 백성 3만~9만여 명의 목숨을 앗아간
엄청난 일이었소.

하늘이 알고 땅이 알고
이제는 온 세상이 다 나를 아는데
그런 나를 두고 여전히
누군가는 '폭동'이라 부르고
누군가는 '사건'이라고 부르는구려.

누군가는 '항쟁'이 맞다 하고
누군가는 '혁명'이 맞다고도 합디다.

강산이 7번 바뀔 만큼 긴 세월이 흘렀는데
나는 내 이름 찾는 게 왜 이리 힘들어야 하오.

이제 내게 이름을 주시구려.
간절한 나의 소망이라오.

베비, 130.3×162.2cm, 제주 보리줄기, 천연 염색, 2022

통일 한반도

분단국가 한반도
75년 전, 수많은 사람들의 희생으로도 막지 못한
슬픈 역사
그날 이후
기억의 골짜기에서 사라진 사람들은
새봄과 함께
한송이 꽃으로
바람으로
햇살로
우리 곁으로 다가온다
살아서나 죽어서나
그들의 간절한 염원은 하나
한반도의 봄날!
한반도 평화통일!

통일 한반도, 90.5×50.0cm, 제주 보리줄기, 아크릴, 2018

가메기 모르는 식게(까마귀도 모르는 제사)

4·3 이후 제주에는 '비밀기도'가 생겼다.
망자가 누구인지
세상을 떠난 이유가 무엇인지
세상을 떠난 날짜가 언제인지
밝히지 못하는 기도
그저 억울하게 세상을 떠났다고만 알려졌던 사람들
절에서도 성당에서도 심방(무당)도
그 연유를 묻지 않았다
그저 촛불을 켜고 두 손 모아 기도할 뿐

4·3이 제주섬을 휩쓸고 간 후
제주에는 '까마귀도 모르는 제사'가 많아졌다
집단학살 터에서 뼈무더기로 발견돼
죽은 날조차 알 수 없는 사람들
바다 건너 끌려간 후 흔적 없이 사라져
생사조차 알 수 없는 사람들
어린 자식들마저 모두 죽어
기억해줄 이 하나 없는 사람들

이제 우리가 그대들을 기억하니
편히 잠드소서

가뭄기 모르는 식게, 116.8×80.3cm, 제주 보리줄기, 천연염색, 2022

평화의 나무

더 이상 울지 않게 하소서.
더 이상 서로를 원망하고 미워하지 않게 하소서.
이제는 모두 용서하고 서로를 보듬게 하소서.

모든 진실이 밝은 햇살 아래 온전히 드러나게 하소서.

곪은 상처 도려낸 자리에 새 살이 돋듯
온전한 진실이 살아있는 땅에서
화해와 상생의 꽃씨는 단단히 싹을 틔우고
영원히 지지 않는 평화의 꽃을 피울 수 있나이다.

이제 그만
얼음처럼 차가운 우리의 눈물을 거두시고
서로의 눈물을 닦아줄 수 있는
따스한 손이 되게 하소서.

평화의 나무, 72.7×53.0cm, 제주 보리줄기, 천연염색, 안료, 2020

1945
8. 15. 일본 제국주의로부터 해방
9. 제주인민위원회 결성, 자치행정으로 치안 담당
9. 9. 미군, 일본으로부터 한반도 접수 및 미군정 체제 돌입
9. 28. 미군, 일본으로부터 제주도 별도 항복문서 접수(그린 대령, 파우웰 대령) 및 통치

1946
가뭄과 흉년 및 식량 공출제 도입 및 배급제 실시
8. 1. 제주도제(道制) 실시(2군 1읍 12면), 도지사 박경훈
8. 27. 콜레라 유행, 제주지역 사망 369명
11.16. 미군정, 대정읍 모슬포에 조선경비대 제9연대 창설

1947
3. 1. 제주민전 주최, 기미년 만세독립투쟁 제28주년 3·1절 기념대회 개최(3만 명 참석)
관덕정 주변, 제주 밖에서 온 응원경찰의 말발굽에 아이가 채인 것을 항의하는 군중에 경찰의 발포로 주민 6명 사망, 8명 부상
3. 10. 미군정 치하 경찰의 발포 사건에 항의하는 관민 총파업(제주도 전체 95% 파업 참여)
3. 12. 경무부 차장, "원래 제주도는 90%가 좌익색채를 가지고 있다." 공개 발언
3. 14. 미군정 경무부장 조병옥 내도, 파업 주모자 검거 명령

1948
1. 22. 미군정 제주경찰, 남로당 조천면지부 집회 급습하여 106명 검거
2. 국방경비대 제9연대장 김익렬 중령 승진 발령(48. 5. 6. 해임)
3. 6. 조천지서에서 조천중학원 2학년 김용철(당시 21세) 고문으로 사망
3. 14. 모슬포지서에서 영락리 청년 양은하 고문으로 사망
4. 3. 새벽 1시, 남로당 제주도당 등 350여 명이 무장하여 봉기
4. 5. 제주도비상경비사령부 설치(사령관 김정호 경무부 공안국장)

4. 22.	제9연대장, 무장대와의 협상 시도
4. 28.	제9연대장 김익렬과 무장대 총책임자 김달삼 평화협상. 72시간 내 전투 중지 등 합의
4. 29.	미군정 딘 군정장관, 비밀리에 제주 방문, 이후 토벌 위주 정책 전개
5. 1.	경찰과 우익단체들 무장대로 위장, '오라리 방화사건' 발생, 평화협상 파기
5. 4.	국방경비대 제14연대 창설
5. 5.	미군정, 제주에서 군정 최고수뇌부 비밀회의 주재
5. 6.	국방경비대 제9연대장 김익렬 중령 해임 및 박진경 중령 임명
5. 10.	남한만의 단독 총선거. 무장대, 선거사무소 공격 및 선거 관계 공무원 납치, 살해. 선거인 명부 탈취
5. 15.	국방경비대 제14연대 김익렬 연대장 취임
6. 18.	국방경비대 제9연대의 문상길 중위 등이 박진경 연대장 민족반역자로 규정 암살
6. 23.	주한미군 총사령관 하지 중장, 제주지구 총사령관으로 브라운 대령 임명
8. 15.	대한민국 정부 수립 공포
8. 21.	김달삼, 해주에서 열린 남조선인민대표자대회 참석
8. 24.	한미군사안전협정에 따라 대한민국 국군의 지휘권 미 임시고문단에 귀속
9. 25.	국군 제14연대 군인, 전남 구례경찰서 경찰관에게 구타 사건 발생
10. 11.	제주도경비사령부 설치(사령관 제5여단장 김상겸 대령)
10. 17.	송요찬 제9연대장, 제주 해안에서 5km 이상 지역에 통행금지 및 통행하는 자 총살한다는 포고령 발표 및 해안 봉쇄
10. 19.	여수 주둔 국군 제14연대, 제주도 출병 거부하며 봉기(봉기군 사령관 김지회 중위)
10. 20.	여수군 인민위원회 구성, 제4연대 1개중대 순천에 도착하여 봉기군에 합류 및 순천 점령
10. 21.	보성, 광양, 고흥, 구례 인민위원회 재조직하여 활동 시작 미 군사고문단 광주 도착, 육군 총사령부 광주에 반군토벌전투사령부 설치(송호성)
10. 22.	국군 제14연대 봉기군, 김지회 중위 등과 백운산과 지리산 줄기 등 산악지대로 입산
10. 23.	토벌군, 순천지역 점령, 소탕전 완료 및 봉기군 및 봉기군 협력자 색출
10. 24.	토벌군, 여수 진압 작전에 나섰으나 인구부에서 패퇴
10. 25.	국무회의, 여순지역 계엄령 통과

10. 26.	육군, 해군(충무공호 등 6척), 항공기부대 등으로 여수 진압 작전
10. 27.	토벌군, 여수 시내 점령
10. 28.	여수에 만든 국군 제14연대 해산
11. 1.	전라남도·전라북도 계엄령 확대 조치
11. 4.	호남지구계엄사령부 제1차 군법회의 진행(총 9차례 이상, 2,680명 유죄)
11. 17.	이승만 대통령, 대통령령 제31호로 제주도 전역에 계엄령 선포
12. 3.	민간인을 군법회의 회부, 총 12차례 진행하여 871명 유죄 선고
12. 18.	로버츠 주한 미 고문단장, 초토화작전 벌인 송요찬 연대장을 선전할 것을 한국측에 통보
12. 29.	국군 제9연대를 제2연대로 교체(연대장 함병선 중령)하여 토벌
12. 31.	제주도 계엄령 해제

1949

1. 17.	토벌대, 조천면 북촌리 방화, 전소 후 주민 약 400여 명 집단학살(북촌사건)
2. 5.	여수·순천지구의 계엄령 해제
2. 12.	토벌대(군인)에 의해 관음사 비롯 35개 사찰 소각, 스님 16명 희생
2. 20.	제주읍 도두리에서 민보단, 군경 감독하에 76명 죽창으로 처형
3. 2.	제주도지구 전투사령부(사령관 유재홍 대령) 설치
5. 10.	국회의원 재선거 실시
6. 7.	무장대 총사령관 이덕구 사살
6. 23.	민간인을 총 10여 회 군법회의 진행, 1,659명 유죄 선고
10. 2.	제주비행장 인근에서 '1949년 군법회의' 결과 사형 선고, 249명 총살 후 암매장
10. 25.	전라남도, 여수·순천을 비롯해 국군의 토벌로 사망자 11,131명 발표
11. 24.	계엄법 제정(법률 제69호)

1950

6. 25.	한국전쟁 발발
7. 27.	제주읍 주정공장에 수감했던 예비검속자 처형
7. 29.	서귀포경찰서 관내 예비검속자 150여 명 처형
8. 4.–20.	제주·모슬포경찰서, 주정공장 등에 수감되었던 예비검속자 수백 명 제주항 앞바다에 수장하거나 제주비행장, 송악산 등에서 총살 후 암매장

8. 30. 해병대의 총살 명령에 문형순 성산포경찰서장 "부당함으로 불이행"

1951
5. 10. 제주도 육군 특무대 창설

1952
12. 25. 제주도 지구 재산 무장대의 완전 섬멸을 위하여 경기·충남·경북에서 1개 중대씩 3개 중대의 경찰 병력 파견

1953
7. 27. 한국전쟁 휴전

1954
4. 1. 한라산 부분 개방. 산간부락 입주 및 복귀 허용
9. 21. 한라산 금족지역 전면 개방

1960
6. 2. 국회 양민학살진상조사특별위원회 조사 제주신보 신두방 전무 사고(社告) 게재

1961
5. 16. 5·16군사반란
11. 10. 제주대학교 4·3사건 진상규명 동지회 이문교, 박경구 기소유예로 석방

1963
일본, 김봉현·김민주《제주도 인민들의 4·3 무장투쟁사》발간

1978
9. 소설가 현기영, 계간 문학비평지《창작과 비평》에 중편소설〈순이삼촌〉발표, 작가는 고문과 금서조치 당하는 탄압받음

1987
3. 시인 이산하,《녹두서평》창간호에 장편 대하 서사시〈한라산〉발표

| 11.30. | 평화민주당 김대중 후보 서귀포시 1호광장 연설에서 4·3 진실 규명 약속 |

1988
| 3. | 김명식《제주민중항쟁 I》발간 |

1989
3.	지역 재야운동단체, '사월제공동준비위원회' 결성
4. 3.	제주시민회관에서 '제주항쟁추모제' 개최, 〈제주신문〉「4·3 증언」 연재 시작
5. 10.	'제주4·3연구소' 창립, 최초의 4·3 증언집《이제야 말햄수다》발간

1990
| 4. 2. | 제민일보 4·3취재반, 「4·3은 말한다」 연재 시작. 4·3의 진실 공론화·대중화 |
| 7. 3. | 김명식,《제주민중항쟁》출판에 대해 국가보안법 위반으로 구속 |

1991
| 4. 3. | 제주도4·3항쟁민간인희생자유족회, '제1회 합동위령제'(신산공원) 거행 |
| 10. 7. | MBC 대하드라마 〈여명의 눈동자〉에서 부분적으로나마 4·3항쟁 소개. 국민적 충격 발생 |

1992
| 4. 2. | 제주4·3연구소, 구좌읍 소재 다랑쉬굴에서 4·3 관련 유골, 유물 발굴 |

1993
| 4. | 제주도의회에 '4·3특별위원회' 설치, 4·3 피해신고 접수 시작하고 읍면별 피해 실태 조사 착수 |

1995
| 4. | 제주도의회,《4·3 피해조사 보고서》간행 |

1997
4. 1.	「제주4·3 제50주년 기념사업 추진 범국민위원회」 결성
6. 10.	〈잠들지 않는 함성-4·3항쟁〉 감독 김동만 구속
11. 5.	서울인권영화제 서준식 집행위원장, 4·3 관련 다큐멘터리 〈레드 헌트〉

상영 이유로 구속

1999
12.16. 「제주4·3사건 진상규명 및 희생자 명예회복에 관한 특별법」 여야 합의로 국회 통과

2000
1. 11. 「제주4·3사건 진상규명 및 희생자 명예회복에 관한 특별법」 서명식(청와대), 제정·공포(12일)
8. 26. 「제주4·3사건 진상규명 및 희생자 명예회복 위원회」 발족
9. 7. 「제주4·3사건 진상규명 및 희생자 명예회복 실무위원회」 발족
10. 7. 제주시 봉개동 소재 12만평 부지 매입 완료

2001
5. 30. 4·3특별법에 의한 4·3항쟁 희생자 신고 결과 14,028명
9. 27. 헌법재판소, 육·해·공군,해병대 예비역 장성들 단체인 성우회 및 서북청년단 2대 단장 문봉제, 박진경 사후 양자 박익주 등이 낸 헌법소원 각하

2002
2. 4. 새천년민주당 노무현 예비후보, 섯알오름 및 백조일손지묘 방문
3. 14. 평화공원 조성 기본계획 1단계 사업 확정

2003
4. 3. '제55주년 제주4·3사건희생자범도민위령제' 봉행 및 '제주4·3평화공원 조성사업 기공식' 거행, 국무총리 참석
10.15. 참여정부, '제주4·3사건진상조사보고서' 확정
10.31. 노무현 대통령, 제주4·3항쟁에 대한 역사적인 정부의 첫 공식사과 표명 "국정을 책임지고 있는 대통령으로서 과거 국가권력의 잘못에 대해 유족과 도민 여러분께 진심으로 사과와 위로의 말씀을 드린다."

2004
3. 31. 제주4·3평화공원 1단계 사업 마무리—위령제단, 위령탑, 추념광장 등 위령공간

8. 17.　제주도내 12개 우익단체 "4·3보고서 및 대통령 사과 위헌" 헌법소원청구 각하 결정

2006
4. 3.　노무현 대통령 '제58주년 제주4·3항쟁 희생자 범도민 위령제' 참석 및 사과 표명
12.31.　「제주 4·3사건 진상규명 및 희생자 명예회복에 관한 특별법」 일부개정법률안 국회 본회의 통과—수형인의 희생자 인정, 유족 범위 4촌 이내로 확대, 4·3평화인권재단 설립 근거 및 정부기금 출연 규정 신설 수용

2007
3. 2.　한나라당 이명박 대통령 후보, 4·3평화공원 방문, "제주4·3에 대한 역사적 평가는 제대로 되어 있으며, 어느 당이 집권해도 바뀌지 않는다." 기자들에게 답변

2008
4. 3.　'제60주년 제주4·3사건 희생자 범도민 위령제' 봉행

2010
11. 25.　우익단체의 "4·3위원회 희생자 결정 등은 위헌" 헌법소원 심판, 각하 결정

2011
9. 29.　문재인 노무현재단 이사장 4·3평화공원 방문
9. 30.　제주 4·3항쟁 진상규명 및 희생자 명예회복위원회 희생자 14,033명 결정

2012
8. 1.　새누리당 박근혜 대통령 후보, 제주4·3평화공원 방문
11. 8.　민주통합당 문재인 후보, 대통령 후보로는 처음으로 '너븐숭이 기념관' 방문

2017
3. 1.　「제주4·3 제70주년 기념사업위원회 결성」 출범
3. 24.　「제주4·3 제70주년 범국민위원회 결성」 대표자 회의(4. 8. 서울시의회

　　　　　의원회관에서 출범)
11. 30.　대한불교 조계종 사회노동위원회 '제주4·3과 불교' 순례

2018

4. 3.　서울 광화문광장에서 4·3추념식 진행 및 제주4·3 범국민문화제 진행(4. 6.)
　　　　대한불교 조계종 광화문 분향소 영산재 봉행
　　　　제주 추념식에 대통령 참석 및 전국 21개 지역에서 4·3 분향소 운영 및 추념 문화제
　　　　서울 광화문 정부종합청사 '4·3 추념' 현수막 게시
8. 27.　문형순 전 경찰서장 '경찰영웅' 헌양 결정 및 제주경찰청 흉상 제막(11. 1)
9. 3.　70여 년 전 진행된 군사재판 수형인들 재심재판에서 승소
10. 31.　주한 미국대사관에 미국에게 4·3의 정치적 책임을 묻는 10만인 시민 서명 용지 전달
11. 16.　제주4·3범국민위원회, 제주 노무현재단, 일본 오사카에서 〈대한민국 대통령이 말하는 4·3의 진실 기록전〉 개최

2019

1. 17.　4·3 당시 군사재판 생존 수형인 재심, 공소 기각. 검찰 항소 포기
4. 3.　광화문광장에서 '4370+1' 4·3추념식에서 경찰청장 및 국방부차관 참석 및 사과
　　　　전국 13개 지역에서 〈대한민국 대통령이 말하는 4·3의 진실 기록전〉 전시
4. 30.　제주4·3범국민위원회·제주노무현재단, 재일 제주인 후손(3-4세) 및 일본 활동가 4·3 답사
11. 5.　대한불교 조계종과 BBS 제주불교방송 등 '4·3과 불교' 순례 및 구술 채록

2020

2. 18.　4·3수형인(4·3행불인유족협의회) 2차 군사재판 재심청구(원고 341명)
3. 27.　제25차 4·3중앙위원회 개최-희생자 90명, 유족 7,606명 결정, 총 희생자수 14,532명, 총 유족수 80,451명
5. 11.　대한불교 조계종 한국불교역사문화기념관 〈제주불교, 동백으로 화현하다〉 전시회(이후 전국 5대 도시 순회)
12. 7.　4·3 당시 일반 재판 생존 수형인 재심, 무죄. 검찰 항소 포기
12. 21.　4·3 당시 군사재판 생존 수형인 재심, 무죄. 검찰 항소 포기

2021

1. 21.   4·3군법회의 사망 수형인 재심, 무죄. 검찰 항소 포기
2. 26.   「제주4·3사건 진상규명 및 희생자 명예회복에 관한 특별법」 전부 개정 (안) 국회 통과
3. 16.   4·3 당시 군사재판 재심에서 수형인 중 행방불명인 333명 무죄 판결
4. 3.   서대문형무소 앞 제주4370+2주년 추념식 및 추념 문화제(강북 구민회관) 4·3평화공원, 대통령과 국방부장관, 행안부장관, 법무부장관, 경찰청장 등 방문
4. 10.   〈봄이 왐수다〉 경기아트센터, 유가족 초정 공연 및 전시회 개최
6. 29.   「여수·순천 10·19사건 진상규명 및 희생자 명예회복에 관한 특별법」 국회 통과
12. 9.   제주4·3특별법 보상 법안 국회 통과
12. 30. 〈순이삼춘〉 경기아트센터, 가극(opera) 공연

2022

3. 22.   제74주년 추모 전시, 〈봄이 왐수다〉, 전태일기념관 1층 시민전시장
3. 29.   〈동백이 피엄수다〉 5개 도시(서울, 광주, 대전, 대구, 부산) 순회전시
4. 3.   서대문형무소 앞 제주4370+4주년 추념식(통일부장관) 및 추념 문화제 제주4·3평화공원, 윤석열 대통령 당선자 참석
9. 3.   〈순이삼춘〉 세종문화회관 가극(opera) 공연
10. 27. 제주4·3 희생자 대상 첫 보상 결정
12. 8.   미국 워싱턴에서 '제주4·3과 인권, 그리고 한미동맹' 토론회 개최, 우드로윌슨센터, 제주4·3평화재단, 월든코리아 등

제주 4·3 희생자 마을별 분포지도
(자료 제공: 제주4·3평화재단)

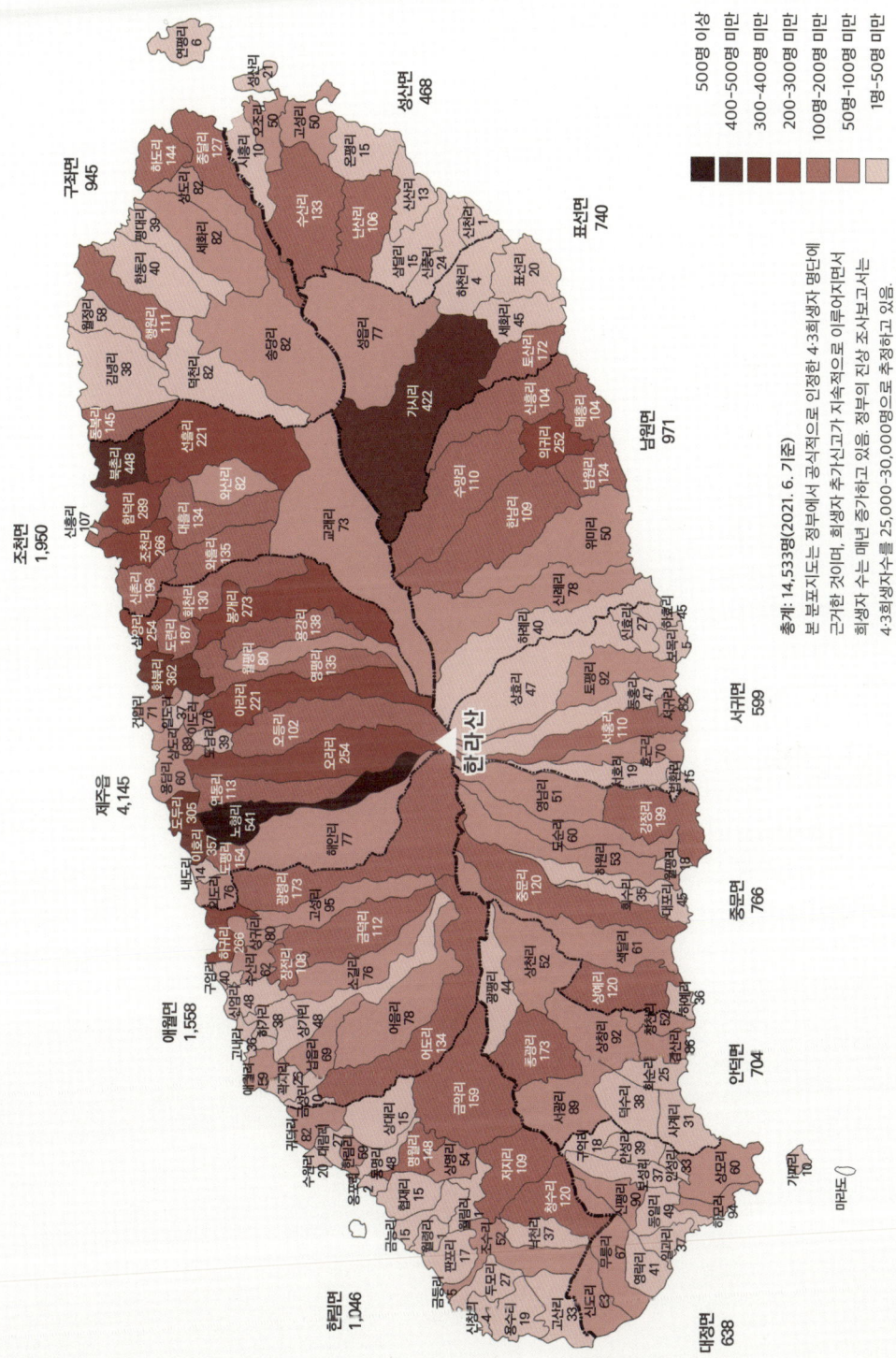

참고문헌

강순원, 태평양전쟁기 제주도 주둔 일본군과 군사시설, 제주대학교 대학원 석사논문, 2006.
강준만, 한국현대사 산책, 2권 1940년대 편, 2006.
고병수, 제주뉴스, 4·3희생자-해군기지 강정주민들, 국가폭력으로 '외상후스트레스 증후군' 등 정신건강 '심각', 2021.05.02.
고상현, 노컷뉴스, 대량학살 자행된 제주 정방폭포, 2019.03.19.
고희범의 제주이야기, 미디어 제주, 해방공간에서 4·3까지, 제주포럼C 제50회 제주탐방후기, 2015.04.16.
고희범·허호준, 한겨레, 〈20〉이덕구/ '제주 4·3' 이끈 교사출신 유격대장, 1990.04.06.
김경훈, 제주4·3순례, https://cafe.daum.net/norae43/HZrn/17
김관후, 제주의 소리, 서천꽃밭에 숨어버린 순백의 영혼들, 2014.07.10.
김관후, 제주의 소리, 친애하는 장병들이여! 그 총이 어디서 나왔느냐? 2013.11.11.
김명식, 유채꽃 한 아름 들고, 동광출판사, 1989.
김은희, 제주 4·3전략촌의 형성과 성격, 제주대학교 대학원 석사학위논문, 2005.
김종민, 제주4·3항쟁-대규모 민중학살의 진상, 역사비평 통권 42호, 1998(봄호).
대한민국역사박물관, 근현대사 아카이브/선거
류도성, 노컷뉴스, 〈4·3흔적에서 교훈으로〉대정지역 섯알오름과 백조일손지묘, 2021.08.03.
박미라, 경향신문, '잃어버린 마을' 곤을동… 아픈 역사가 주는 선물, 2022.03.24.
박찬식, 해방 직후 한국사회와 제주도, 4·3평화재단 4·3역사문화아카데미, 2010.
변상철, 오마이뉴스, 제주 남자들은 전부 해병대에 갔어, 왜냐고?, 2020. 08.23.
손숙, 노컷뉴스, '손숙의 아주 특별한 인터뷰' 제주 4·3항쟁은 국가에 의한 기억의 타살사건, ,2007.04.03.
양조훈, 4·3의 진실을 찾아서, 제주4·3평화재단, 1기 역사문화아카데미, 2011.
이동건, 제주의 소리, 아무도 몰랐던 제주 4·3 생존수형인 박화춘 할머니, 명예회복 추진된다, 2022.10.26.
이병철, BBS불교방송, '관음사1~2부' 제주불교, 4·3기억의 흔적을 되짚다, 2020.
이병철, 현대불교신문, 제주불교 흔적 바로 세우기-〈2〉구좌읍 하도리 금붕사, 2018.08.16.
제주4·3 기념사업위원회, 4·3이 머우꽈?: 기억투쟁 73년 제주4·3, 2021(초판 1쇄는 2018).
제주4·3사건진상규명및희생자명예회복위원회, 제주4·3사건 진상조사보고서, 2003.
제주4·3평화재단, 제주4·3사건 추가진상보고서I, 2019.
제주도민일보, 〈전문〉제주4·3평화상 수상자 김석범씨의 수상소감, 2015.04.02.
조성식, 신동아, 피가 튀고 살이 찢긴 광란의 살육극, 2만 5천 생죽음 육성증언, 2003.04.25.
팔로우버츠, 제주도의 재미있는 여행, 제주4·3 초토화작전-중문면, 2019.06.04.
한겨레21, 제202호, 르뽀, "4·3을 짊어지고 살았다", 1998.04.09.
한림화, 제주의 소리, 살아남았기에 더 고통스러웠던 4·3제주여성. 2018.04.28.
한형진, 프레시안, 대마도에는 제주4·3 희생자 공양탑이 있다, 2019.09.30.
허영선, 4·3과 아동 및 여성, 제주4·3평화재단 4·3역사문화아카데미, 2010.
허영선, 당신은 설워할 봄이라도 있었겠지만, 마음의 숲, 2019.
4·3은 말한다 1-5, 제민일보 4·3취재반, 전예원, 1998.
KBS 역사저널 그날, 영상한국사, 〈016〉해방 후 경찰수뇌부를 장악한 친일세력이 김원봉을 체포하다.
경찰청, '부당하므로 불이행!', 2019, 유투브
제주도청 누리집
한국민족문화대백과사전

노무현 대통령 사과문

존경하는 제주도민과 제주4·3사건 유족 여러분! 그리고 국민 여러분, 55년 전 평화로운 섬 이곳 제주도에서 한국 현대사의 커다란 비극 중의 하나인 4·3사건이 발생했습니다. 제주도민들은 국제적인 냉전과 민족 분단이 몰고온 역사의 수레바퀴 밑에서 엄청난 인명 피해와 재산 손실을 입었습니다.

저는 이번에 제주를 방문하기 전 '4·3사건 진상규명 및 희생자의 명예회복에 관한 특별법'에 의거하여 각계 인사로 구성된 위원회가 2년 여의 조사를 통해 의결한 진상조사 결과를 보고받았습니다. 위원회는 이 사건으로 무고한 희생이 발생된 데 대한 정부의 사과와 희생자 명예회복 그리고 추모사업의 적극적인 추진을 건의해왔습니다. 저는 이제야말로 해방 직후 정부수립 과정에서 발생했던 이 불행한 사건의 역사적 매듭을 짓고 가야 한다고 생각합니다. 제주도에서 1947년 3월 1일을 기점으로 하여 1948년 4월 3일 발생한 남로당 제주도당의 무장봉기 그리고 1954년 9월 21일까지 있었던 무력충돌과 진압과정에서 많은 사람들이 무고하게 희생되었습니다. 저는 위원회의 건의를 받아들여 국정을 책임지고 있는 대통령으로서 과거 국가권력의 잘못에 대해 유족과 제주도민 여러분에게 진심으로 사과와 위로의 말씀을 드립니다. 무고하게 희생된 영령들을 추모하며 삼가 명복을 빕니다. 정부는 4·3평화공원 조성, 신속한 명예회복 등 위원회의 건의사항이 조속히 이루어질 수 있도록 적극 지원하겠습니다.

존경하는 국민 여러분! 과거 사건의 진상을 밝히고 억울한 희생자의 명예를 회복시키는 일은 비단 그 희생자와 유족만을 위한 것이 아닙니다. 대한민국 건국에 기여한 분들의 충정을 소중히 여기는 동시에 역사의 진실을 밝혀 지난날의 과오를 반성하고 진정한 화해를 이룩하여 보다 밝은 미래를 기약하자는 데 그 뜻이 있습니다. 이제 우리는 4·3사건의 소중한 교훈을 더욱 승화시킴으로써 평화와 인권이라는 인류 보편의 가치를 확산시켜야 하겠습니다. 화해와 협력으로 이 땅에서 모든 대립과 분열을 종식시키고 한반도의 평화, 나아가 동북아와 세계 평화의 길을 열어 나가야 하겠습니다.

존경하는 제주도민 여러분! 여러분께서는 폐허를 딛고 맨손으로 이처럼 아름다운 평화의 섬 제주를 재건해냈습니다. 제주도민들께 진심으로 경의를 표합니다. 이제 제주도는 인권의 상징이자 평화의 섬으로 우뚝 설 것입니다.

감사합니다.

2003년 10월 31일
대한민국 대통령 노무현

추천의 말

야만의 역사에서 진실을 밝히는 과정은 힘들고 긴 여정이다. 한번 왜곡된 역사의 진실을 밝히는 길은 그만큼 힘이 드는데, 한반도에서 제주 4·3이야말로 그 대표적 사례라고 할 수 있다.

제주4·3범국민위원회는 그동안 4·3의 진실을 제대로 알리기 위해 여러 작가들과 함께 전국을 다니며 수많은 시민들을 만났다. 야만의 역사에 맞서기 위해 진실을 추구하는 행동은 아픈 역사만큼이나 힘든 과정이다. 그러한 난관을 감내하면서 창작과 그 창작물의 전시를 통해서 진실을 향한 긴 여정에 참여했던 작가 세 사람이 이번에는 전시가 아닌 출판을 통해서 대중과 소통하고자 이 책을 발간했다.

4·3 당시, 군 토벌대의 초토화작전에 의해 중산간 지역을 비롯해 137개의 마을이 불에 타 사라졌었다. 그 중 일부는 지금도 재건되지 않은 채 폐허로 남아 있는데, 우리는 그 곳을 '잃어버린 마을'이라고 부른다. 거기에 가면 올레 길과 돌담, 집터, 몰방애터 등 당시의 흔적들을 찾아볼 수 있다. 그 유적들은 불타고 학살당해 사라져버린 인간들과 마을들의 존재를 증언한다.

이수진의 보리아트 작품은 그렇게 사라져버린 사람들과 마을의 존재를 증언하기 위한 것이다. 작품의 소재가 '잃어버린 마을'의 집터에서 자란 보리줄기(보릿대 혹은 보리짚)들이라는 것이 매우 의미심장하다. 사라진 인간들의 혼이 그 보리줄기에 깃들어 있다고 생각하여 작가는 그 작품들을 만들었을 것이다.

보리는 사라진 그 사람들이 주식으로 먹던 식량이었다. 그 사람들은 4·3 이전에는 강제 보리공출에 시달렸고, 4·3 당시에는 누렇게 익어가는 보리를 뒤로 하고 산에 올라가야 했다. 이삭을 털어낸 보리줄기는 땔감으로 요긴하게 쓰였고, 그걸로 패랭이를 엮기도 했다. 그리고 아이들은 여치를 키우는 케이지를 엮고 보리피리를 만들어 불었다. 그러나 그때 그 인간들은 이제 더 이상 존재하지 않는다. 케이지를 엮고 보리피리를 만들던 아이들도 사라지고 없다. 그러므로 이수진의 4·3 보리아트는 지금은 사라진 그 사람들, 그 아이들을 오늘에 불러내기 위한 작업이라고 말할 수 있다.

《틀낭에 진실꽃 피엄수다》는 보리아트 작품을 보여준 이수진 작가와 글을 쓴 박진우, 이하진 작가의 협업으로 탄생했다. 세 사람의 땀과 노력에 박수를 보내며, 이 책이 4·3의 진실을 향한 또 하나의 의미 있는 발걸음이 되리라 믿는다.

—현기영, 소설가

먼저 내 부끄러움부터 고백해야겠다. 나는 제주에서 태어나고 초·중·고교를 다녔지만, 제주 현대사의 가장 큰 아픔인 4·3에 대해 전적으로 무지했고 무관심했다. 어린 시절 기억 속의 4·3은 그 말만 나오면 어른들이 갑자기 목소리를 낮추거나 애써 화제를 딴 데로 돌리거나 '쏙솜허라'라는 말로 황급히 대화를 끝내는, 뭔가 불길하고 접근해서는 안 되는 금기였다. 학교에서도 마찬가지였다. 조선 왕들의 이름은 순서대로 외게 하거나 먼 로마제국의 흥망성쇠는 시시콜콜 가르치면서, 제주에 큰 상처를 안긴 4·3에 대해서는 그 어떤 수업에서도 다루지 않았다.

4·3에 대해 처음 진실을 접한 것은 소설 〈순이삼촌〉을 통해서였다. 그 뒤 침묵과 망각을 강요하는 속에서도 4·3 유족들과 제주 지역 지식인, 언론인, 학자, 문화예술가들은 4·3 민간인 학살의 진실규명을 촉구하고, 생존자들의 증언을 듣고 기록하고, 그들의 한과 슬픔을 예술작품으로 표현하는 다양한 작업을 끈질기게 펼쳤다. 나는 그 지난한 노력과 가열찬 투쟁을 멀리 서울에서 지켜보며, 제주인으로서 말 못할 미안함과 고마움을 억눌렀다. 마침내 2007년 여름, 떠난 지 31년 만에 제주로 돌아온 나는 뒤늦게 그 빚을 조금이라도 갚기로 마음먹었다. 올레길을 만들면서 때로 길을 우회하거나 에둘러가거나 돌아가는 한이 있더라도 그 코스에 4·3의 상흔이 깃든 장소를 포함시킨 것이다.

《틀낭에 진실꽃 피엄수다》는 척박한 여건 속에서 끈질기게 일궈낸 4·3의 진실규명 작업을 바탕으로, 4·3을 다뤘던 이전의 어떤 책보다도 더 생생하고 일목요연하게, 대중적인 화법으로 4·3의 원인과 전개, 참혹한 결말과 그 이후 진실규명에 이르기까지의 과정을 빼어난 글과 그림으로 전달한다. 나는 이 책이 4·3에 대해 잘 모르는 독자들에게 널리, 많이 읽히기를 바란다.

먼저, 제주 올레길을 걷는 이들에게 추천한다. 이 책을 읽은 후 이제 눈앞의 모든 풍경이 달리 보일 것이다. 광치기해안의 터진목과 소낭머리와 섯알오름과 너븐숭이가 그저 아름다운 숲과 오름, 정겨운 마을길로만 다가오지 않을 것이다. 작가 오르한 파묵의 말처럼 '모든 풍경의 아름다움은 슬픔에 있다'는 말을 실감하게 되리라. 또 나는 이 책이 우리나라 초·중·고·대학생들에게 반드시 읽히는 필독서가 되기를 바란다. 미래를 짊어질 청소년, 청년들이 이 책을 다 읽고 나면 제주 출신 동급생 친구에게 '빨갱이'라고 놀리는 일은 없을 테다. 설령 그랬더라도 뒤늦게 뼈저리게 후회할 것이다.

자살 혹은 타살당한 비극적인 역사의 기억을 되살려내고 끝끝내 기억하는 것은 과거의 한을 풀어주는 해원의 길이다. 그리고 같은 잘못을 미래에 되풀이하지 않는 유일한 길이다.

—서명숙, 제주올레 이사장

《틀낭에 진실꽃 피엄수다》는 제주 4·3의 역사적 진실을 예술로 승화하며 75년의 세월을 담아냈다. 시간이 지날수록 더욱 선명해지는 기억, 우리는 그것을 상처라고 말한다. 감히 상상조차 할 수 없는 그날의 상처를 대면하고 세상에 꺼내놓을 수 있는 용기는 아무나 가질 수 없는 시대적 사명일 테다. 이 책을 통해 제주 4·3이 예술로 재조명되고 보다 많은 사람들의 가슴속에 깊은 울림으로 기억되기를 소망한다.
— 강혜명, 성악가, 창작 오페라〈순이삼촌〉총감독

척박한 자연환경 속에 늘 생명을 유지하려고 발버둥쳤던 제주사람들은 독특한 마을공동체를 형성하여 서로 의지하며 삶을 영위해왔으나, 4·3 광풍으로 집단학살 당하고 마을공동체가 파괴되고 말았다. 이수진 작가는 4·3 때 제주사람들의 주식인 보리의 줄기를 소재로 4·3의 아픔을 담아내며 역사의 진실을 밝히고 있다. 《틀낭에 진실꽃 피엄수다》가 4·3의 진실과 정의를 밝히는 밑거름이 되길 간절히 소망한다.
— 김창범, 제주4·3희생자유족회장

제주 4·3과 여순 10·19는 형제의 역사다. 국가권력에 의해 벌어진 야만적인 집단학살의 진실을 알리고자 제주보릿대로 전하는 작품 전시가 몇 년 동안 여러 도시에서 진행되었다. 지난 해 전시장에서 여수·순천 등의 여순 10·19항쟁 유족들과 통곡을 삼키며 그 전시를 보았다. 《틀낭에 진실꽃 피엄수다》를 통해 75년 전의 비극과 항쟁의 역사를 똑똑히 기억하고, 대한민국 현대사가 바로 서는 계기가 되길 기대한다.
— 박소정, 여순10·19범국민연대 운영위원장

추운 겨울 날 국회 앞에서의 1인 시위를 비롯해 여러 집회에서 4·3 관계자들을 만났다. 그들의 눈빛을 기억한다. 그 기운이 《틀낭에 진실꽃 피엄수다》 속에 고스란히 담겼다. 이 책은 제주 4·3의 75년 역사, 바로 해방과 두 개의 국가가 수립되는 과정 그리고 '속솜허라'를 넘어 진실을 밝히는 긴 여정을 담고 있다. 여전히 우리가 잘 모르는 또 하나의 역사를 전한다. 여러분도 그 진실의 여정에 함께하길 기원한다.
— 서영교, 국회의원, 전 국회 행정안전위원장

제주와 떼려야 뗄 수 없는 일본에서도 제주 4·3의 진상규명과 피해자 명예회복을 위한 운동이 오래도록 이어져왔습니다. 그 과정에서 제주도민의 주식인 보릿대가 4·3과 만나 역사를 기록했고, 오사카에서 4·3 유가족들과 함께 눈물로 4·3의 진실을 나눈 바 있습니다. 제주 4·3의 진실을 꾸준히 알려온 작가님들의 작품이 역사를 올바로 기억하는 걸음걸음에 큰 힘이 되리라 믿습니다.
— 오광현, 재일본 제주4·3희생자 유족회장

제주 4·3의 진실을 밝히기 위해 제주의 학살 현장에서, 광화문광장에서, 국회 앞에서, 전국의 전시장에서 함께 목소리를 전했던 세 작가분이 《틀낭에 진실꽃 피엄수다》 책을 냈다. 섬 제주의 공동체와 4·3의 배경 그리고 학살과 탄압, 은폐의 진실을 밝히는 책이니만큼 그 의미가 남다르다. 제주 역사의 아픈 부분을 솔직하게 담은 그림과 글이 어우러져 독자들의 가슴을 울릴 것이다. 그리고 세 작가가 전하는 위로의 마음이 섬 제주에, 또 유가족들에게 큰 힘이 될 것이다. 역사 정의와 내일을 위한 걸음을 내딛는 데 이 책이 위안과 힘이 되길 바란다.
— 위성곤, 국회의원, 더불어민주당 제주도당위원장

조선의 배고픈 백성들은 한 줌 보리로 생명을 유지하며 좋은 세상을 꿈꿔왔지만, 혹독한 시련의 세월만 가득했다. 75년 전, 외딴 섬 제주는 상상을 초월하는 잔혹함에 물들었다. 제주사람들은 그래도 살기 위해 한 줌 보리를 움켜쥐고 목숨을 부지했다. 그 고통스런 역사를 고스란히 기억하는 보리 줄기로 역사의 아픔과 진실을 전하는 《틀낭에 진실꽃 피엄수다》를 시민들과 함께 나눌 수 있어 기쁘다.
— 이형용, 여순10·19항쟁전국유족총연합 대변인

《틀낭에 진실꽃 피엄수다》는 '잠들지 않는 남도'가 지닌 통한의 기억 앞에 우리를 다시 세웁니다. 제주보릿대에는 집단살해의 기억과 공포, 저항의 세월이 남긴 역사의 아픔이 붉게 물들어 있습니다. 그리고 그 역사는 여전히 현재진행형입니다. 제주보릿대가 기억하는 4·3의 상처와 주검 위에 흙 한 줌 뿌릴 시간마저 빼앗겼던 한의 씨앗들이, 제주보릿대를 타고올라 화해와 상생의 동백으로 화현되기 바랍니다.
— 이홍정, 목사, 한국기독교교회협의회 총무

얼어붙은 땅에서도 생명의 기운을 잃지 않고 끝내 봄을 부르는 보리는, 오랜 시간 억압과 침묵을 강요당하면서도 불굴의 의지로 그 진상을 역사 앞에 드러내온 제주 4·3과 닮아 있습니다. 제주의 보릿대로 평화와 인권의 가치를 아름다운 색채로 담아온 이수진 작가, 또 기록과 글, 강연으로 꾸준히 4·3을 알려온 박진우, 이하진 작가의 협업이 《틀낭에 진실꽃 피엄수다》 책으로 나오게 된 것을 축하하며, 많은 이들에게 이 책이 전하고자 하는 마음이 닿기를 기대합니다.
— 정연순, 제주4·3범국민위원회 이사장, 제주4·3사건 진상규명 및 희생자 명예회복위원회 위원

보리아트로 창작된 이수진 작가님의 작품에 박진우, 이하진 두 분의 글로 구성된 《틀낭에 진실꽃 피엄수다》에는 제주의 생활양식과 정신세계, 즉

제주의 공동체가 녹아 있습니다. 제주 4·3항쟁의 진실은 제주 공동체문화를 제대로 이해하는 데서 출발합니다. 원초적인 경험과 시간의 파편에 묻혀 있는 제주4·3항쟁에 대한 기억을 새로운 관점으로 재구성한 이 책은 제주 4·3에 대한 매우 의미 있는 기록이자 기억으로 남을 것입니다. 기억과 기록의 투쟁에 앞장선 세 분의 선생님에게 박수를 보냅니다.

―주철희, 역사연구자, 여수·순천10·19사건 진상규명 및 희생자명예회복위원회 소위원장

문재인 정부는 제주 4·3의 진실규명과 피해에 대한 정당한 조치 등 국가의 책임을 다하기 위해 노력해왔고, 제가 행정안전부 장관으로 재임하던 당시 특별법 전부 개정으로 명예회복과 보상의 길이 열렸습니다. 한 맺힌 희생에 대한 그동안의 노력이 일부 결실을 맺었지만, 아픈 역사를 잊어서는 안 됩니다. 당시 사라져버린 마을에서 수확한 보리줄기로 4·3의 75년 역사를 형상화한 작품들을 통해 안타까운 희생과 함께 평화와 인권의 가치를 되새길 수 있기를 바랍니다.

―전해철, 전 행정안전부장관, 국회의원

노무현대통령의 제주 4·3에 대한 사과와 위령제 참석으로 유가족들의 얼었던 마음이 녹기 시작했습니다. 그러나 70년 넘게 왜곡된 역사를, 몸으로 기억된 역사를 바로잡는 길은 요원합니다. 4·3 당시 없어져버린 마을에서 제주민들의 주식인 보리를 수확하여 창작한 보리아트 작품은 역사의 고통과 아픔을 품고, 4·3의 진실을 밝히는 활동가들과 제주사람의 치열한 발걸음과 함께해왔습니다. 이 책《틀낭에 진실꽃 피엄수다》를 통해 진실의 걸음에 동행하여 정의로운 과거사 청산에 힘을 모아주십시오.

―차성수, 전 참여정부 시민사회수석, 깨어있는시민 문화체험전시관장

제주는 요즘 더할 나위 없이 아름답고 평화로우며 생기가 넘쳐납니다. 그런데 75년 전 제주는 너무나 다른 세상이었습니다. 통일국가를 염원한 이유로, 죄 없는 젊은이들의 목숨을 지키기 위해 애썼다는 이유로, 제주의 스님들이 죽임을 당했고 많은 사찰들이 흔적 없이 사라졌습니다. 바로 4·3이라는 참혹한 광기의 회오리였습니다. 그래도, 절망 속에서 희망이 꽃피워가고 있습니다. 이제 그 슬픈 역사가 제주 보릿대로 화현해 세상에 널리 알려질 수 있게 된 시절인연에 감사드립니다. 4·3이라는 역사의 길목에서 중생들과 생과 사를 함께한 많은 분들의 극락왕생을 간절히 발원합니다.

―허운, 스님, 대한불교조계종 23교구본사 교구장

틀낭에 진실꽃 피엄수다
제주 4·3을 그리다

이수진 그림
박진우·이하진 글

초판 1쇄 발행일   2023년 4월 3일

책임편집   진용주
디자인   조주희
홍보 마케팅   최재희, 맹준혁, 신재철
인쇄   예인미술

펴낸이   김현종
펴낸곳   ㈜메디치미디어
경영지원   이도형, 이민주, 김도원
등록일   2008년 8월 20일 제300-2008-76호
주소   서울시 중구 중림로7길 4, 3층
전화   02-735-3308
팩스   02-735-3309
이메일   editor@medicimedia.co.kr
페이스북   facebook.com/medicimedia
인스타그램   @medicimedia
홈페이지   www.medicimedia.co.kr

ISBN 979-11-5706-285-0 (07910)

그림 ⓒ 이수진, 2023
글 ⓒ 박진우·이하진, 2023

이 책에 실린 글과 이미지의 무단전재·복제를 금합니다.
이 책 내용의 전부 또는 일부를 재사용하려면 반드시 출판사의 동의를 받아야 합니다.
잘못된 책은 구입처에서 교환해드립니다.